Der Einfluß des Völker- und Europarechts auf das deutsche Ausländerrecht

Von

Albrecht Randelzhofer

Vortrag
gehalten vor der
Berliner Juristischen Gesellschaft
10. Oktober 1979

W
DE
G

1980

DE GRUYTER · BERLIN · NEW YORK

Dr. jur. Albrecht Randelzhofer

o. Professor für Staats- und Verwaltungsrecht,
Völkerrecht und Verfassungsgeschichte
im Institut für internationales und
ausländisches Recht und Rechtsvergleichung
an der Freien Universität Berlin

CIP-Kurztitelaufnahme der Deutschen Bibliothek

Randelzhofer, Albrecht:
Der Einfluß des Völker- und Europarechts auf das
deutsche Ausländerrecht : Vortrag gehalten vor d.
Berliner Jur. Ges. 10. Oktober 1979 / von Albrecht
Randelzhofer. — Berlin, New York : de Gruyter,
1980.
   (Schriftenreihe der Juristischen Gesellschaft e. V.
Berlin ; H. 63)
   ISBN 3-11-008306-X

A. Einleitung

Ist die Bundesrepublik Deutschland ein Einwanderungsland? In der Rechtsprechung wird dies unter Aspekten der Rechtsanwendung grundsätzlich verneint[1]. Dem steht vom soziologischen Befund her die Tatsache gegenüber, daß seit Jahren Millionen von Ausländern in die Bundesrepublik gekommen sind und sich hier aufhalten. Ein erheblicher Teil der zunächst allein als Arbeitsuchende eingereisten Ausländer hat die Familien nachkommen lassen. Viele beabsichtigen auf Dauer hier zu bleiben. Insbesondere gilt dies für Angehörige der sog. zweiten Generation der Ausländer, die in der Bundesrepublik geboren wurden. Angesichts dieser Situation kann man, soziologisch-tatsächlich gesehen, die Bundesrepublik als Einwanderungsland bezeichnen[2]. Auf den ersten Blick scheint es für diese Qualifizierung auch zu sprechen, wenn die Rechtsprechung den Begriff der Einwanderung in einzelnen Niederlassungsabkommen weit auslegt und dafür nicht die endgültige Niederlassung fordert, sondern schon die Niederlassung für längere Zeit genügen läßt[3]. Das Ziel dieser Rechtsprechung ist es aber ge-

---

[1] So hat das BVerwG z. B. festgestellt, daß die Ausländerbehörde ihr Ermessen in der Regel fehlerfrei ausübt, wenn sie eine zu Erwerbszwecken begehrte Aufenthaltserlaubnis verweigert, um eine Einwanderung zu verhindern oder zu beenden; siehe BVerwGE 38, S. 93; BVerwG, DÖV 1979, S. 374. Andererseits hat BVerwGE 42, S. 157 ff., 160 anerkannt, daß die der Aufenthaltserlaubnis entgegenstehenden einwanderungspolitischen Gesichtspunkte u. U. im konkreten Fall gegenüber dem Sozialstaatsprinzip zurücktreten müssen. Das BVerfG, DVBl. 1978, S. 883, hat sich in gleicher Weise zugunsten des Grundsatzes des Vertrauensschutzes geäußert. Nach OVG Münster, NJW 1979, S. 508 f. ist es im gegenwärtigen Zeitpunkt ermessensfehlerhaft, einem angeworbenen ausländischen Arbeitnehmer die Verlängerung der Aufenthaltserlaubnis *allein* mit der Erwägung zu versagen, die Bundesrepublik Deutschland sei kein Entwicklungsland.

[2] Der Beauftragte der Bundesregierung für die Integration der ausländischen Arbeitnehmer und ihrer Familienangehörigen, der ehemalige Ministerpräsident von Nordrhein-Westfalen, Kühn, stellt in seinem ersten Bericht fest: „Die Bundesrepublik wurde zum Einwanderungsland"; s. Tagesspiegel vom 11. 10. 1979, S. 1.

[3] Siehe BVerwGE 36, S. 45 ff., 51 f.

rade nicht, die Bundesrepublik als Einwanderungsland zu qualifizieren, vielmehr auch die Ausländer, die sich längerfristig hier niederlassen wollen, grundsätzlich dem Ausländergesetz zu unterstellen.

Angesichts der großen Zahl von Ausländern, die in der Bundesrepublik leben, und der noch immer großen Zahl derer, die dies anstreben, liegt die Bedeutung des Ausländerrechts auf der Hand. In ständig steigendem Maße haben sich nicht nur die Verwaltungsbehörden, sondern auch die Gerichte, insbesondere die Verwaltungsgerichte, damit zu befassen.

Ein Drittel der Eingänge beim BVerwG im Jahre 1978 betrafen Ausländersachen. Gegenüber 1977 hatte sich die Zahl nahezu verdoppelt. Daß in zunehmendem Maße Streitfälle bis vor die höchste Instanz gebracht werden (das BVerfG ist keine normale Instanz), ist nicht allein mit der gestiegenen Zahl der Ausländer und damit der Ausländerrechtsfälle zu erklären. Daß die höchste Instanz bemüht wird, ist auch die Folge dessen, daß das Ausländerrecht eine überaus vielschichtige und komplizierte Materie ist.

Die Kompliziertheit rührt nicht zuletzt daher, daß das Ausländerrecht nicht allein durch innerstaatliche Normen gestaltet wird, sondern in zunehmendem Maße durch Völkerrecht und Europarecht. Es gilt heute im Grundsätzlichen zwar für viele, um nicht zu sagen die meisten, Rechtsgebiete, daß sie völker- und europarechtlichen Einflüssen unterliegen, für das Ausländerrecht gilt es aber in einem über das durch Art. 25 und 59 Abs. 2 GG determinierte[4] und die Existenz einschlägiger völker- und europarechtlicher Normen inhaltlich ausgefüllte Maß hinaus. § 55 Abs. 3 des Ausländergesetzes (AuslG) räumt abweichenden Bestimmungen in völkerrechtlichen Verträgen einen absoluten Vorrang vor den Regelungen des AuslG ein. Art. 25 GG räumt nicht allen, sondern nur den allgemeinen Regeln des Völkerrechts Vorrang vor den einfachen Gesetzen ein. Ohne den Begriff der allgemeinen Regeln des Völkerrechts hier erörtern zu können, sei doch gesagt, daß nur ein relativ kleiner Teil der völkerrechtlichen Regeln, die das Ausländerrecht berühren, von ihm erfaßt werden. Völkerrechtliche Verträge werden durch das Zustimmungsgesetz nach Art. 59 Abs. 2 GG, soweit sie

---

[4] Siehe zu diesen beiden Bestimmungen *Randelzhofer*, Innerstaatlich erforderliche Verfahren für das Wirksamwerden der von der Exekutive abgeschlossenen völkerrechtlichen Vereinbarungen, AöR 1974, Beiheft 1, S. 18 ff.

self-executing sind, in innerstaatliches Recht im Range eines einfachen Gesetzes transformiert. Damit gehen sie zwar früheren innerstaatlichen Gesetzen vor, werden aber von nachfolgenden Gesetzen derogiert. § 55 Abs. 3 AuslG setzt zugunsten völkerrechtlicher Verträge, die das Ausländerrecht betreffen, diese lex-posterior-Regel außer Kraft und verleiht einen generellen Vorrang vor dem AuslG.

Ohne Kenntnisse des Völkerrechts und des Europarechts kann das in der Bundesrepublik geltende Ausländerrecht nicht zutreffend angewendet werden. Dabei haben sich die Schwierigkeiten in den vergangenen Jahren dadurch erhöht, daß es immer mehr das Ausländerrecht berührende völker- und europarechtliche Regelungen gibt, die ohne spezifisch-systematischen Kontext zueinander oder gar zum AuslG stehen. Ihre Auslegung bereitet oft beträchtliche Mühe. Aber nicht nur die fehlende Systematik untereinander und zum AuslG erschwert die Auslegung. Die einzelnen Verträge sind oft wenig klar formuliert als Folge des erhöhten politischen Gehalts dieses Bereichs des Völkerrechts. Zu Recht wurde gesagt, daß insbesondere Niederlassungsverträge oft Meisterstücke diplomatischer Formulierkunst sind, um den mangelnden Willen der Vertragsparteien zur Übernahme nennenswerter Verpflichtungen zu camouflieren[5].

In besonderer Weise zeigt sich im Ausländerrecht, wie wenig sich die Bundesrepublik den Provinzialismus in ihrer Juristenausbildung[6] leisten kann, in der Völker- und Europarecht zum bloßen Wahlfach zurückgestutzt werden, in der verfehlten Vorstellung, davon müsse nur der Jurist etwas wissen, der in den diplomatischen Dienst oder zu internationalen Organisationen gehen wolle.

Spricht man über den Einfluß von Völker- und Europarecht auf das deutsche Ausländerrecht, so spricht man gewiß nicht nur über ein Randproblem, eine exotische Arabeske, sondern über ein Problem, das das Ausländerrecht in zentralen Bereichen berührt.

Diese Einsicht darf heute im Grundsatz als allgemein anerkannt gelten. Unterschiede zeigen sich vor allem in der Literatur, aber auch in der Rechtsprechung bezüglich des Ausmaßes, in dem das

---

[5] Siehe *Piot*, Du réalisme dans les conventions d'établissement, Journal du droit international, 1961, S. 38.
[6] Siehe *Bernhardt*, Vom Provinzialismus deutscher Juristenbildung, JZ 1971, S. 581 ff.

8

Völker- und Europarecht die innerstaatlichen Regelungen verändert. Sehr verallgemeinernd darf man sagen, daß Gerichte der ersten Instanz mitunter dem Völker- und Europarecht einen weitergehenden Einfluß auf das Ausländerrecht zugestehen als die Masse der Oberverwaltungsgerichte und insbesondere das BVerwG, das eine grundsätzlich mehr zurückhaltende Linie in seiner Rechtsprechung erkennen läßt.

Aktuelle Beispiele für diese unterschiedlichen Bewertungen sind etwa die diametral entgegengesetzten Auslegungen der Sagulo-Entscheidung des EuGH[7] durch das AG Reutlingen[8] einerseits und das BayObLG[9] und das OLG Stuttgart[10] andererseits, sowie das Urteil des Hess. VGH vom 2.12.1976[11] und die Entscheidungen des BVerwG[12] zum gleichen Problem. Dieses Urteil des Hess. VGH ist von besonderem Interesse. Einmal, – und insoweit ist es ohne Rücksicht auf das Ergebnis grundsätzlich verdienstvoll –, weil hier jedenfalls im Ansatz versucht wurde, eine Art Systematisierung der für die Bundesrepublik geltenden Niederlassungsabkommen zu erreichen, zum andern, weil hier, wenn ich es recht sehe, erstmals ein Obergericht dem Völkerrecht einen tiefgreifenden Einfluß auf eine Grundstruktur des AuslG zugestanden hat: Aus dem deutsch-griechischen Niederlassungsvertrag von 1962 leitet das Gericht her, daß dann, wenn Gründe der öffentlichen Ordnung, der Sicherheit, der Volksgesundheit oder der Sittlichkeit nicht entgegenstehen, ein Grieche einen Anspruch auf Erteilung einer Aufenthaltserlaubnis hat, also die Entscheidung über die Erteilung nicht mehr gemäß § 2 Abs. 1 AuslG im Ermessen der zuständigen Behörde steht. Der so interpretierte Einfluß von Völkerrecht kann grundlegender kaum sein.

Das BVerwG hat unterdessen in seinen Entscheidungen diese Linie korrigiert. Der deutsch-griechische Niederlassungsvertrag ändere nichts daran, daß die Entscheidung über die Erteilung der Aufenthaltserlaubnis entsprechend § 2 Abs. 1 AuslG im Ermessen der

---

[7] EuGRZ 1977, S. 322 ff.
[8] EuGRZ 1977, S. 415 ff.
[9] EuGRZ 1978, S. 74 ff.
[10] NJW 1978, S. 1758 f.
[11] DÖV 1978, S. 137 ff., mit zustimmender Anmerkung von *Kanein;* JZ 1978, S. 21 ff. mit differenziert abwägender Anmerkung von *Deiseroth.*
[12] DÖV 1979, S. 371 ff. und 374 f.

Behörde stehe. Immerhin verlangt aber das BVerwG die, später näher zu erläuternde, Berücksichtigung des Vertrages bei der Ausübung des Ermessens.

Um der Besorgnis entgegenzutreten, daß ich als Staatsrechtler, der sich auch, ja überwiegend mit dem Völkerrecht beschäftigt, von Hause aus geneigt sein müßte, der – lediglich vom Ergebnis her gesehen – völkerrechtsfreundlicheren Auslegung des Hess. VGH den Vorzug zu geben, will ich vorweg sagen, daß die Entscheidung des BVerwG zutreffender ist als die des Hess. VGH. Völlig zutreffend ist aber auch sie im Ergebnis nicht, und die Begründung der richtigen Teile könnte mitunter überzeugender sein.

So bedeutsam die genannten Entscheidungen für sich sind und so unerläßlich es ist, dazu noch Weiteres zu sagen, so erscheinen sie mir doch in erster Linie aktuelle Anlässe zu sein, den Einfluß von Völker- und Europarecht auf das deutsche Ausländerrecht grundsätzlich und umfassender zu behandeln.

B.

I. Eingrenzung des Themas

Andererseits muß ich, damit angesichts der weiten Formulierung des Themas keine unzutreffenden Vorstellungen entstehen, zunächst einige Ausgrenzungen vornehmen.

Die Einflüsse des Völkerrechts und Europarechts auf das deutsche Ausländerrecht sind heute so vielfältig, daß eine erschöpfende Darstellung nur in einem voluminösen Handbuch geleistet werden könnte[13]. Aber auch eine nur skizzenhafte Aufzählung aller Bereiche ist im Rahmen dieses Vortrages nicht möglich. In zweifacher Hinsicht wird das Thema deshalb zu begrenzen sein. Einmal hinsichtlich der Rechtspositionen des Ausländers. Ich beschränke mich im folgenden auf die Bereiche Einreise, Aufenthalt, Zugang zum Erwerbsleben, Ausreise und Ausweisung. Einreise und Aufenthalt sind die zentralen Positionen im Ausländerrecht. Sie sind die Vor-

---

[13] Einen annähernden, aber keinesfalls erschöpfenden Eindruck geben die bei *Kloesel/Christ*, Deutsches Ausländerrecht, im Teil B wiedergegebenen Materialien. Einen Überblick vermittelt auch *Franz*, Das Völkerrecht als Quelle des innerdeutschen Aufenthalts- und Niederlassungsrechts der Fremden, DVBl. 1965, S. 457 ff.

aussetzung zwar nicht für alle, aber doch die allermeisten Rechtspositionen des Ausländers. Sie finden ihre negative Entsprechung in Ausreise und Ausweisung. Was den Zugang zum Erwerbsleben angeht, so ist dies zwar ohne Zweifel für die Mehrheit der heute in der Bundesrepublik lebenden Ausländer ein existentiell wichtiges Problem, aber rein rechtlich gesehen nicht von der grundlegenden, alles Weitere bedingenden Bedeutung wie Einreise und Aufenthalt. Ich werde mich diesem Problem daher nur insoweit zuwenden, als es – in der Praxis immer häufiger –, mit Einreise und Aufenthalt in direkter Weise in Verbindung gebracht wird, nämlich in der Weise, daß Einreise und Aufenthalt nur unter einschränkenden Auflagen bezüglich des Zugangs zum Erwerbsleben gestattet werden[14].

Diese Beschränkung bedeutet, daß ich mich nicht befassen werde mit Rechtspositionen der Ausländer wie z.B. Eigentum, Steuer, Sozialversicherung, Fürsorge und politische Betätigung. Was den Einfluß des Völkerrechts anlangt, so bleiben also Doppelbesteuerungsabkommen, Fürsorgeabkommen und Sozialversicherungsabkommen[15] außer Betracht, obgleich sie das deutsche Ausländerrecht, im umfassenden Sinne verstanden, sehr wohl beeinflussen.

Die zweite Einschränkung, die ich vornehme, geht dahin, daß ich auch bezüglich Einreise, Aufenthalt, Zugang zum Erwerbsleben, Ausreise und Ausweisung nicht sämtliche völkerrechtlichen Einflüsse darstellen kann. In dreifacher Hinsicht soll auch hier begrenzt werden.

Erstens bleibt das Völkerrecht unberücksichtigt, das nur ganz spezifische Gruppen von Ausländern, die sich von „normalen" Ausländern deutlich unterscheiden, betrifft. Folglich wird nicht eingegangen auf das völkerrechtliche Diplomaten- und Konsularrecht[16], auf die völkerrechtlichen Abkommen bezüglich der Statio-

---

[14] Siehe *Deiseroth*, JZ 1978, S. 25 f. mit Nachweisen über die Kritik an dieser Praxis im Schrifttum und die Akzeptierung dieser Praxis durch die Verwaltungsgerichte.

[15] Hinsichtlich der von der Bundesrepublik abgeschlossenen Doppelbesteuerungsabkommen siehe Fundstellennachweis B, Beilage zum Bundesgesetzblatt Teil II, Stand 31. 12. 1978, S. 426 f., hinsichtlich der Fürsorgeabkommen und Sozialversicherungsabkommen S. 432 ff.

[16] Siehe dazu das Wiener Übereinkommen über diplomatische Beziehungen vom 18. 4. 1961 und das Wiener Übereinkommen über konsularische Beziehungen vom 24. 4. 1963; Texte bei *Berber*, Völkerrecht, Dokumentensammlung, Bd. 1, 1967, S. 865 ff. und 884 ff.

nierung ausländischer Streitkräfte in der Bundesrepublik[17], auf den völkerrechtlichen Schutz der Flüchtlinge[18] und auf Grenzarbeiterabkommen[19].

Zweitens werden Gastarbeitnehmerabkommen[20] und Anwerbevereinbarungen[21] nicht behandelt werden. Das mag zunächst überraschen, denn nicht zuletzt diese Abkommen und Vereinbarungen, die die Bundesrepublik in den 50er bzw. 60er Jahren mit einer Reihe von Staaten geschlossen hat, haben zum Zustrom von Ausländern beigetragen. Sie sind heute noch in Kraft, werden aber seit einigen Jahren infolge der geänderten Arbeitsmarktlage nicht mehr angewendet. Ihre Nichtberücksichtigung ist aber auch deswegen gerechtfertigt, weil sie die Regeln des AuslG über Einreise, Aufenthalt etc. inhaltlich nicht wirklich verändert haben. Ihr Einfluß beschränkt sich auf die Durchführung des AuslG. So etwa in der Weise, daß die dem angeworbenen Arbeitnehmer von der Deutschen Anwerbungskommission ausgesetzte Legitimationskarte für längstens ein Jahr die nach § 19 AFG und der Arbeitserlaubnisverordnung erforderliche Arbeitserlaubnis ersetzt. Weiter erlaubt diese Legitimationskarte dem Ausländer die Einreise in die Bundesrepublik ohne den sonst nach § 5 Abs. 1 Ziff. 1 DV AuslG erforderlichen Sichtvermerk[22]. Einen Ersatz für die Aufenthaltserlaubnis stellt sie jedoch nicht dar. Nach seiner Ankunft muß der Ausländer unverzüglich eine Aufenthaltserlaubnis beantragen[23]. Über diese ent-

---

[17] Zu nennen sind hier das NATO-Truppenstatut vom 19. 6. 1951 und das Zusatzabkommen dazu vom 3. 8. 1959; Texte bei *Berber*, a. a. O. (N. 16), Bd. 2, S. 2355 ff. und 2379 ff.; ferner die deutsch-französische Regierungsvereinbarung über das Stationierungsrecht und die Statusfragen der französischen Truppen in Deutschland vom 21. 12. 1966; siehe dazu Bulletin der Bundesregierung, 1966, S. 1304.

[18] Siehe das Abkommen vom 28. 7. 1951 und das Protokoll vom 31. 1. 1967 über die Rechtsstellung der Flüchtlinge; Texte bei *Simma/Fastenrath*, Menschenrechte, Beck-Texte, 1979, S. 138 ff. und 153 ff.

[19] Siehe die Nachweise bei *Franz*, DVBl. 1965, S. 460; siehe weiter Fundstellennachweis B (N. 15), S. 431.

[20] Siehe die Nachweise bei *Kloesel/Christ*, a. a. O. (N. 13), B 2.3.

[21] Siehe die Nachweise bei *Kloesel/Christ*, a. a. O. (N. 13), B 2.4.

[22] Siehe z. B. Art. 12 Abs. 2 der deutsch-spanischen Anwerbevereinbarung; Text bei *Kloesel/Christ*, a. a. O. (N. 13) B 2.4, S. 4.

[23] Siehe z. B. Art. 14 der deutsch-spanischen Anwerbevereinbarung, sowie § 21 Abs. 1 Satz 2 AuslG.

12

scheidet dann die zuständige Behörde gemäß § 2 Abs. 1 AuslG, der von der Anwerbevereinbarung nicht inhaltlich beeinflußt wird[24].

Drittens werden völkerrechtliche Vereinbarungen nicht behandelt, die sich insgesamt nur mit der rein technischen Ausgestaltung und Durchführung im Hinblick auf Einreise, Aufenthalt, Ausreise und Ausweisung befassen. Gemeint sind Vereinbarungen über Erleichterungen oder Befreiungen vom gesetzlichen Paß- und Sichtvermerkszwang sowie Schubabkommen[25].

Die hier vorgenommenen Ausgrenzungen haben im skizzenhaften Überblick erkennen lassen, in welch vielgestalter Weise das Völkerrecht auf das deutsche Ausländerrecht Einfluß nimmt. Nun könnte der Eindruck entstanden sein, ich hätte so viel ausgegrenzt, daß für den Vortrag eigentlich kaum mehr etwas übrigbleibe, über das zu sprechen sich lohne. Ich hoffe, zeigen zu können, daß dieser Eindruck falsch wäre. Es bleibt noch so viel, daß ich mich auch dabei auf die Grundlinien beschränken muß. Vor allem muß ich betonen, daß ich mich nicht erschöpfend und im Detail mit der Rechtsprechung auseinandersetzen kann, nicht einmal mit der des BVerwG[26].

---

[24] Allerdings wird die Behörde bei ihrer Ermessensbetätigung berücksichtigen, daß der Ausländer von deutschen Stellen angeworben wurde. Eine Verpflichtung zur wohlwollenden Prüfung der Erteilung der Aufenthaltserlaubnis für nachziehende Familienangehörige enthält Art. 17 der deutsch-spanischen Anwerbevereinbarung. Diese Regelung ist aber keineswegs in allen Anwerbevereinbarungen enthalten; z. B. nicht in denen mit der Türkei, Jugoslawien, Marokko, Tunesien.

[25] Siehe die Nachweise bei *Franz*, DVBl. 1965, S. 458 f.

[26] Insbesondere wird auf ein Problem nicht eingegangen werden, das gegenwärtig in der Rechtsprechung des BVerwG im Zusammenhang mit Einreise, Aufenthalt und Ausweisung große Bedeutung hat, nämlich das Asylrecht (siehe dazu *Kimminich*, Asyl und Ausländeraufenthalt, *in:* Verwaltungsrecht zwischen Freiheit, Teilhabe und Bindung, Festgabe aus Anlaß des 25jährigen Bestehens des BVerwG, hrsg. von *Bachof/Heigl/Redeker*, 1978, S. 371 ff). Der Grund dafür liegt darin, daß das Asylrecht sich aus dem deutschen Verfassungsrecht ergibt und das Völkerrecht darauf keinen nennenswerten Einfluß nimmt. Aus dem allgemeinen Völkerrecht ergibt sich zwar ein Recht, aber keine Pflicht zur Gewährung territorialen Asyls (siehe *Berber*, Lehrbuch des Völkerrechts, Bd. 1, 2. Aufl., 1975, S. 405 f.; *Wehser* in *Menzel/Ipsen*, Völkerrecht, 2. Aufl., 1979, S. 171.) Art. 14 der Allgemeinen Erklärung der Menschenrechte, der das Asylrecht des Individuums enthält, ist keine bindende völkerrechtliche Norm. In den UN-Menschenrechtspakten findet sich ein Asylrecht ebensowenig wie in anderen Verträgen, an die die Bundesrepublik gebunden ist. Die im Januar/Februar 1977 im Rahmen der Vereinten Nationen in Genf abgehaltene Konferenz, deren Ziel eine Konvention über das Asylrecht war, blieb erfolglos; siehe

II. Grundlinien des deutschen Ausländerrechts

Wenn im folgenden, im Rahmen der eben vorgenommenen Eingrenzung des Themas, der Einfluß des Völker- und Europarechts auf das deutsche Ausländerrecht aufgezeigt werden soll, dann ist es notwendig, im Hinblick auf Einreise, Aufenthalt, Zugang zum Erwerbsleben, Ausreise und Ausweisung die Grundzüge des deutschen Ausländerrechts kurz in Erinnerung zu rufen.

1. Einreise und Aufenthalt

Einreise und Aufenthalt in der Bundesrepublik stehen dem Ausländer grundsätzlich nicht offen. Er bedarf dazu einer Aufenthaltserlaubnis (§ 2 Abs. 1 AuslG). Neben den Ausnahmen, die § 2 Abs. 2 AuslG selbst vorsieht, und die bei den oben (I) vorgenommenen Ausgrenzungen schon berücksichtigt sind, oder unten (III–VI) als Einflüsse des Völker- und Europarechts noch zu behandeln sein werden, befreit der auf § 2 Abs. 3 des AuslG beruhende § 2 der DV AuslG bestimmte Kategorien von Ausländern vom Erfordernis der Aufenthaltserlaubnis. Es genügt, wenn von diesen Ausnahmen nur die unter § 1 Abs. 2 Ziff. 1 DV AuslG genannt wird, wonach Angehörige der in der Anlage zur DV AuslG aufgeführten Staaten keine Aufenthaltserlaubnis brauchen, wenn sie sich nicht länger als drei Monate in der Bundesrepublik aufhalten und keiner Erwerbstätigkeit nachgehen wollen. Vereinfacht kann man sagen, daß der Anhang, der die Mehrheit der heute bestehenden Staaten aufführt, diejenigen nennt, mit denen die Bundesrepublik gute oder jedenfalls unproblematische Beziehungen unterhält. Nicht genannt sind z. B. die Staaten des Ostblocks. Nur diese Ausnahme betrifft eine quantitativ bedeutsame Gruppe von Ausländern.

Die Aufenthaltserlaubnis darf nur erteilt werden, wenn Belange der Bundesrepublik durch die Anwesenheit des Ausländers nicht beeinträchtigt werden. Unbestritten ist, daß der Begriff ,,Belange der Bundesrepublik" sehr weit ist, wesentlich weiter etwa als der

---

Report of the United Nations Conference on Territorial Asylum, UN-Doc. A/Conf. 78/12. Nur am Rande sei vermerkt, daß das in Art. 22 Ziffer 7 der Amerikanischen Menschenrechtskonvention (s. *Simma/Fastenrath*, a. a. O. (N. 18), S. 325 ff.) gewährte Asylrecht unter dem Vorbehalt der jweiligen nationalen Rechtsordnung steht.

14

Begriff der öffentlichen Sicherheit und Ordnung[27]. In der Literatur gibt es Stimmen, die § 2 Abs. 1 AuslG wegen der Unbestimmtheit dieses Begriffs als gegen das aus dem Rechtsstaatsbegriff fließende Bestimmtheitsgebot verstoßend und damit verfassungswidrig ansehen[28]. Das BVerwG in ständiger Rechtsprechung[29] und das BVerfG in seinem Beschluß vom 26.9.1978[30] sind dem nicht gefolgt. Das BVerfG hat festgestellt, daß die Belange der Bundesrepublik, die sich u. a. auch aus wirtschafts-, sozial-, entwicklungs- und allgemein außenpolitischen Kriterien ergeben, kein starrer, sondern ein dem Wandel unterworfener Begriff und nicht abschließend zu umschreiben ist.

Bei dieser Sachlage sei der Begriff als hinreichend bestimmt anzusehen, wenn der systematische Zusammenhang der Vorschriften des Ausländergesetzes über Einreise, Aufenthalt und Ausweisung beachtet werde. Diesem sei zu entnehmen, daß die Belange der Bundesrepublik jedenfalls dann beeinträchtigt seien, wenn die in den Nummern 1–10 des § 10 Abs. 1 AuslG aufgeführten Ausweisungsgründe erfüllt seien. Zudem ermöglichten Sinn und Zweck des § 2 Abs. 1 Satz 2 AuslG als zuverlässige weitere Auslegungskriterien eine zusätzliche Begrenzung der ,,Belange''. Wenn schließlich bei der Auslegung des Begriffs der ,,Belange'' auch Sinn und Zweck der Aufenthaltsregelung für Ausländer und die bindende Wirkung vorrangigen Völker- und Verfassungsrechts beachtet und durch norminterpretierende Verwaltungsrichtlinien für eine möglichst einheitliche Bestimmung und Anwendung von für den Aufenthalt von Ausländern maßgeblichen politischen, wirtschaftlichen und sozialen Grundsätzen Sorge getragen werde, so sei der unbestimmte Rechtsbegriff der ,,Belange'' mit dem rechtsstaatlichen Bestimmtheitsgebot noch zu vereinbaren.

[27] Siehe letztmals BVerwG, DVBl. 1979, S. 590; BVerwG, DVBl. 1979, S. 586. Andererseits verlangt das BVerwG, daß die Beeinträchtigung von Belangen der Bundesrepublik von beachtlichem Gewicht sein muß. Daher muß es sich sowohl um gewichtige Belange als auch um gewichtige Beeinträchtigungen handeln. Anderenfalls bliebe für das Ermessen der Behörde kaum ein Raum.
[28] Siehe statt aller Gusy, Die Bedeutung des verfassungsrechtlichen Bestimmtheitsgebotes im Ausländerrecht, DVBl. 1979, S. 578f. m. w. N.; Kanein, DÖV 1978, S. 140; Franz, Kritik am Ausländergesetz von 1965, JIR 1971, S. 326.
[29] Siehe BVerwG, DVBl. 1979, S. 586; BVerwG, DVBl. 1979, S. 590.
[30] Siehe BVerfG, DVBl. 1978, S. 882. Kritisch dazu Gusy, DVBl. 1979, S. 575 ff.; sowie Weber, DÖV 1979, S. 370f.

Beeinträchtigt die Anwesenheit des Ausländers die Belange der Bundesrepublik nicht, dann steht es im Ermessen der Behörde, ob sie die Aufenthaltserlaubnis erteilt oder nicht[31]. Ein Anspruch des Ausländers auf Erteilung besteht nicht[32]. Die Aufenthaltserlaubnis wird – wie in der Praxis ganz überwiegend – befristet oder unbefristet erteilt. Für die Verlängerung gilt grundsätzlich das Gleiche wie für die erstmalige Erteilung[33]. Die Aufenthaltserlaubnis kann mit Bedingungen und Auflagen versehen werden[34].

2. Zugang zum Erwerbsleben

Zur Ausübung einer Beschäftigung bedürfen Ausländer nach § 19 Abs. 1 AFG[35] einer Erlaubnis der Bundesanstalt für Arbeit, die nach Lage und Entwicklung des Arbeitsmarktes unter Berücksichtigung der Verhältnisse des einzelnen Falles erteilt bzw. versagt wird. Die daneben erforderliche Aufenthaltserlaubnis[36] bedarf bei dem Ausländer, der zu diesem Zwecke einreist, der Gestalt eines Sichtvermerkes (§ 5 Abs. 1 Ziff. 1 DV AuslG).

3. Ausreise

Ausländer können nach § 19 Abs. 1 AuslG frei ausreisen. Einschränkungen können gemacht werden, wenn der Ausländer die Sicherheit der Bundesrepublik gefährdet, wenn er sich der Strafverfolgung oder Strafvollstreckung entzieht, wenn er gegen das Steu-

---

[31] Siehe BVerwG, DVBl. 1979, S. 586; BVerwG, DÖV 1979, S. 371; BVerwG, Gew. Arch. 1979, S. 175; siehe auch BVerfG, DVBl. 1978, S. 882.

[32] Lediglich der als asylberechtigt anerkannte Ausländer hat nach § 43 AuslG einen Anspruch auf Erteilung einer Aufenthaltserlaubnis. Entgegen *Zuleeg*, Zur staatsrechtlichen Stellung der Ausländer in der Bundesrepublik Deutschland, DÖV 1973, S. 366 ergibt sich aus Art. 2 Abs. 1 GG für den Ausländer kein Grundrecht auf Einreise. Zutreffend *Ruidisch*, Einreise, Aufenthalt und Ausweisung im Recht der Bundesrepublik Deutschland, Diss. München 1975, S. 76 f. m. N. Auch das BVerfGE 35, S. 399 spricht nur davon, daß Art. 2 Abs. 1 GG dem Ausländer *in der* Bundesrepublik zusteht. Zu dem Problem, ab wann dem Ausländer Grundrechtspositionen zukommen, grundlegend *Isensee*, Die staatsrechtliche Stellung der Ausländer in der Bundesrepublik Deutschland, VVDStRL 32 (1974), S. 49 ff., bes. S. 60 ff.

[33] Siehe BVerwG, DVBl. 1979, S. 590.

[34] § 7 Abs. 3 AuslG. Noch häufiger als § 2 Abs. 1 wird § 7 AuslG in der Literatur für verfassungswidrig gehalten, da diese Norm noch weniger bestimmt sei. Aber auch hier ist die Rechtsprechung diesen Stimmen nicht gefolgt. Siehe die zahlreichen Nachweise bei *Gusy*, DVBl. 1979, S. 577 f.

[35] BGBl. 1969 I, S. 582 ff. und BGBl. 1975 I, S. 1542 ff.

[36] Siehe § 5 Abs. 1 Ziffer 1 Arbeitserlaubnisverordnung, BGBl. 1971 I, S. 152 ff. und 1978 I, S. 1531 ff.

er-, Zoll-, Monopol- oder Außenwirtschaftsrecht verstößt, sich einer Unterhaltspflicht oder einer öffentlichen Dienstleistungspflicht entziehen will (§ 19 Abs. 2 Ziff. 1–5). Die Pflicht zur Ausreise besteht für Ausländer ohne Aufenthaltserlaubnis, sowie für ausgewiesene Ausländer (§ 12 Abs. 1 AuslG).

4. Ausweisung

Das AuslG schreibt die Ausweisung nirgends als zwingende Rechtsfolge vor. Es steht im Ermessen der Behörde, ob sie beim Vorliegen der in § 10 Abs. 1 Ziff. 1–11 genannten Tatbestände ausweist[37]. Diese enthalten u. a. die Gefährdung der freiheitlich demokratischen Grundordnung oder der Sicherheit der Bundesrepublik, strafrechtliche Verurteilung, Verstöße gegen das Steuerrecht, das Gewerberecht, das Aufenthaltsrecht, Gewerbsunzucht, Gefährdung der öffentlichen Gesundheit, Unfähigkeit, den Lebensunterhalt für sich und seine Angehörigen zu bestreiten. Schließlich kann ausgewiesen werden, wenn die Anwesenheit des Ausländers *erhebliche* Belange der Bundesrepublik beeinträchtigt.

Ausländer, die eine Aufenthaltsberechtigung besitzen, die erteilt werden kann nach fünfjährigem, rechtmäßigem Aufenthalt und wirtschaftlicher und sozialer Integration (§ 8 Abs. 1 AuslG), können nur ausgewiesen werden, wenn sie die freiheitlich demokratische Grundordnung oder die Sicherheit der Bundesrepublik gefährden, strafrechtlich verurteilt sind oder die übrigen in § 10 Abs. 1 AuslG aufgeführten Gründe besonders schwer wiegen (§ 11 'Abs. 1 AuslG). Asylberechtigte Ausländer können nur aus schwerwiegenden Gründen der öffentlichen Sicherheit und Ordnung ausgewiesen werden.

5. Festzuhalten bleibt aus dieser knappen Skizzierung, daß das Ausländerrecht in den wesentlichen Bereichen durch Ermessensentscheidungen gekennzeichnet[38] ist. Der Handlungsspielraum der

---

[37] Dabei muß insbesondere der Grundsatz der Verhältnismäßigkeit berücksichtigt werden; siehe BVerwGE 35, S. 293; 42, S. 134; 48, S. 301.

[38] Für die erwähnten Bestimmungen des AuslG ist dies so gut wie unbestritten. Streitig ist dies jedoch für die Entscheidung über die Erteilung der Arbeitserlaubnis nach § 19 Abs. I AFG. Während das LSG Hamburg, NJW 1979, S. 511 m. w. N. darin zu Recht eine Ermessensentscheidung sieht, spricht das LSG Essen, NJW 1979, S. 512 von einem Anspruch auf Erteilung der Arbeitserlaubnis. Das LSG Essen geht dabei von einer heute überholten strengen Trennung von Ermessen und Beurteilungsspielraum aus und von der gleichfalls nicht mehr aufrechtzuerhaltenden Vor-

Verwaltung vergrößert sich darüber hinaus noch dadurch, daß auf der Tatbestandsseite generalklauselartige, weite Begriffe verwendet werden, wie „Belange der Bundesrepublik", „Lage und Entwicklung des Arbeitsmarktes", „erhebliche Belange der Bundesrepublik", bei deren Auslegung der Behörde auch schon ein Ermessen bzw. Beurteilungsspielraum[39] bleibt.

Allgemein wird daher davon gesprochen, daß auf dem Gebiete des Ausländerrechts der Verwaltung ein sehr weites Ermessen zusteht. Speziell bezüglich der Entscheidung über Erteilung oder Versagung der Aufenthaltserlaubnis spricht *Kanein*[40] davon, daß sie „dicht an den Rand des Gnadenaktes" gerückt sei. Nun ist einmal nicht zu übersehen, daß in der Literatur und in der Rechtsprechung in zunehmendem Maße versucht wird, auch Gnadenentscheidungen in ein rechtliches Verfahren einzupassen und der gerichtlichen Nachprüfung zu unterwerfen[41].

Zum andern hat die Rechtsprechung zum Ausländerrecht seit Kaneins Aussage einiges getan, um doch einen spürbaren Abstand zur Gnadenentscheidung herzustellen. Zu Recht hat sie nicht nur immer wieder die allgemeinen Grenzen des pflichtgemäßen Ermessens, des Verbots des Ermessensmißbrauchs, des Verbots von Ermessensüber- und -unterschreitung auch für die Ermessensentscheidungen im Ausländerrecht betont, sondern aufgezeigt, daß sich auch aus dem Verfassungsrecht Einschränkungen bei der Er-

---

stellung einer vollen gerichtlichen Nachprüfung des Beurteilungsspielraums (siehe dazu auch N. 39). Das LSG Hamburg stellt zu Recht fest, daß die Entscheidung des BSozG (SozR 4100 § 19 AFG Nr.), die im konkreten Fall einen Anspruch auf Erteilung der Arbeitserlaubnis bejahte, nicht verallgemeinert werden kann.

[39] Gegenüber der Vorstellung, daß auf der Tatbestandsseite kein Ermessen, sondern nur ein Beurteilungsspielraum existiere, setzt sich immer mehr die Einsicht von einem prinzipiell einheitlichen Verwaltungsermessen sowohl auf der Tatbestands- als auf der Rechtsfolgeseite durch; siehe *Scholz*, VVDStRL 34, S. 164 ff. mit zahlreichen Nachweisen.

[40] Ausländergesetz, Kommentar, Anm. A 2 b zu § 2. Ebenso *Weber*, DÖV 1979, S. 370.

[41] Für die Literatur siehe statt aller *D. Lorenz*, Der Rechtsschutz des Bürgers und die Rechtsweggarantie, 1973, S. 44 ff., 160 ff. In der Rechtsprechung werden Ablehnung und Widerruf einer Gnadenentscheidung als justiziabel angesehen (siehe z. B. BVerwG, DVBl. 1977, S. 186; BVerfGE 30, S. 108). Andererseits hält BVerfGE 25, S. 352 ff. die Einzelbegnadigung für nicht justiziabel. Die Entscheidung ist vielfach kritisiert worden. Kritisch zur Verrechtlichung der Gnade *Merten*, Rechtsstaatlichkeit und Gnade, 1978, S. 74 ff.

messensentscheidung ergeben[42]. Ein bedeutsames Beispiel ist der
Einfluß von Art. 6 GG, Schutz von Ehe und Familie, auf Entschei-
dungen über Aufenthaltserlaubnis oder Ausweisung, wozu die
Rechtsprechung einen bemerkenswerten Wandel erfahren hat[43].
Dabei muß besonders beachtet werden, daß die Rechtsprechung des
BVerwG Art. 6, wie auch andere Normen des Verfassungsrechts,
nicht nur bei der Ermessensentscheidung berücksichtigt wissen
will, sondern auch schon bei der Auslegung des unbestimmten Be-
griffes der ,,Belange der Bundesrepublik''[44]. Ein Beispiel für die
Einschränkung des Ermessens aus jüngster Zeit ist der schon er-
wähnte Beschluß des BVerfG vom 26. 9. 1978, in dem das Gericht
das aus dem Rechtsstaatprinzip sich ergebende Gebot des Vertrauensschutzes als Einschränkung des Ermessens im Ausländerrecht
hervorhebt. Ist im konkreten Fall nur im Zusammenhang mit der
Verlängerung einer Aufenthaltserlaubnis entschieden worden, so
gilt der Gedanke doch auch bei der Entscheidung über die erstmalige Erteilung[45].
   Ich kann diesen Problemaspekt hier nicht weiter verfolgen, da es
mir um den Einfluß des Völker- und Europarechts geht, nicht um
den des höherrangigen innerstaatlichen Rechts.
   Wie beeinflußt das Völker- und Europarecht die angeführten
Ermessensentscheidungen, lautet meine Frage.
   Nach dem Grad der Intensität des Einflusses kommen folgende
Möglichkeiten in Betracht:

---

[42] Siehe BVerwG, DVBl. 1979, S. 587; BVerwGE 36, S. 48; 42, S. 156f. Genannt
werden die Grundsätze der Verhältnismäßigkeit und des Vertrauensschutzes, die
Grundrechte sowie das Sozialstaatsprinzip.
[43] BVerwG, NJW 1973, S. 2077ff. brachte die Abkehr von der Auffassung, daß
Art. 6 Abs. 1 GG in der Regel durch eine Ausweisung nicht tangiert sei. So auch
BVerfG, NJW 1974, S. 227. Ebenso anerkennt die Rechtsprechung die Einwirkung
des Art. 6 Abs. 1 auch auf die Entscheidung über Einreise und Aufenthalt; siehe z.B.
BVerwG, DÖV 1979, S. 293 f.; zögernd gegenüber einer zu weiten Anwendung aber
BVerwGE 42, S. 157.
[44] In ständiger Rechtsprechung vertritt das BVerwG die Ansicht, daß bei der
Auslegung des unbestimmten Rechtsbegriffs der Belange der Bundesrepublik das
Rechtsstaatsprinzip, insbesondere der Grundsatz der Verhältnismäßigkeit, sowie
die Grundrechte zu beachten seien; siehe z.B. BVerwG, DÖV, 1979, 294ff.
[45] Natürlich wird sich dabei seltener ein Vertrauenstatbestand feststellen lassen,
ausgeschlossen ist das aber nicht. Man denke etwa an die Entscheidung über die Erteilung der Aufenthaltserlaubnis für einen angeworbenen ausländischen Arbeitnehmer.

(1) An die Stelle des Ermessens tritt beim Vorliegen bestimmter Voraussetzungen ein Anspruch des Ausländers;

(2) Das Völker- bzw. Europarecht verändert den Tatbestand, an den das behördliche Ermessen geknüpft ist, indem es ihn erweitert oder beschränkt;

(3) Das Völker- bzw. Europarecht beeinflußt die Ermessensentscheidung selbst.

III. Der Einfluß des allgemeinen Völkerrechts auf das Ausländerrecht

Der nach dem Zweiten Weltkrieg sich zunehmend entwickelnde Schutz der Menschenrechte im Völkerrecht, der seinen sichtbarsten Ausdruck im Abschluß umfassender multilateraler Konventionen findet, sowie die intensive Entwicklung des Europarechts haben das Bewußtsein bezüglich des Einflusses des Völkerrechts auf das Ausländerrecht stark beeinflußt. Unzutreffend wäre es aber anzunehmen, daß es sich bei dem Problem selbst um eine neue Erscheinung handele, die erst mit den genannten Entwicklungen einsetze. Diese Entwicklungen haben dem Problem unbestreitbar quantitativ und qualitativ eine neue Dimension verliehen, grundsätzlich ist es aber viel älter.

Längst vor dem Einsetzen des völkerrechtlichen Menschenrechtsschutzes beeinflußte das dem Völkergewohnheitsrecht zugehörige völkerrechtliche Fremdenrecht[46] das nationale Ausländerrecht.

Bei der Herausbildung dieses Fremdenrechts konkurrierten zwei unterschiedliche Modelle: das Prinzip der Inländerbehandlung und das Prinzip des sog. Mindeststandards[47]. Nach dem Mindeststandard hat jeder Staat dem Ausländer eine gewisse minimale Rechtsstellung einzuräumen, die den Ansprüchen einer zivilisierten Rechtsordnung genügt. Dieser Mindeststandard muß gegenüber dem Ausländer auch dann eingehalten werden, wenn die Behandlung der eigenen Staatsangehörigen unter diesem Niveau liegt. Der Mindeststandard ist also ein absoluter Maßstab.

---

[46] Dazu umfassend *Doehring*, Die allgemeinen Regeln des völkerrechtlichen Fremdenrechts und das deutsche Verfassungsrecht, 1963.

[47] Siehe die Nachweise bei *Stoffel*, Die völkervertraglichen Gleichbehandlungsverpflichtungen der Schweiz gegenüber den Ausländern, 1979, S. 7 N. 1.

20

Das Prinzip der Inländerbehandlung gewährt dem Ausländer nur einen relativen Schutz, welcher je nach der Rechtsordnung des Gastlandes unterschiedlich ist. Der Unterschied dieser beiden Prinzipien war in der Phase der Herausbildung des völkerrechtlichen Fremdenrechts von praktischer Bedeutung. Mit dem Fortschreiten des völkerrechtlichen Menschenrechtsschutzes verliert der Unterschied zunehmend an Bedeutung[48].

In der Staatenpraxis durchgesetzt hat sich das Prinzip des Mindeststandards. Wie schon der Begriff erkennen läßt, umfaßt der Mindeststandard wirklich nur ein Minimum an Rechtspositionen, nämlich solche, die als unverzichtbare Bestandteile der auch dem Ausländer zustehenden Menschenwürde anzusehen sind. Folgende Normen sind in diesem Zusammenhang allgemein anerkannt[49]:

(1) Jeder Ausländer ist ein Rechtssubjekt;
(2) Ausländer können grundsätzlich Privatrechte erwerben;
(3) Rechtmäßig erworbene Privatrechte der Ausländer sind grundsätzlich zu achten;
(4) Der innerstaatliche Rechtsweg steht den Ausländern offen;
(5) Verhaftungen dürfen nur im Falle eines ernsten Verdachtes einer strafbaren Handlung vorgenommen werden;
(6) Der Aufenthaltsstaat ist verpflichtet, Ausländer gegen Angriffe auf Leben, Freiheit, Eigentum und Ehre zu schützen;
(7) Ausländer haben keinen Anspruch auf politische Rechte, noch auf Ausübung bestimmter Berufe.

Überblickt man diesen Inhalt des Mindeststandards und setzt ihn in Beziehung zu den Rechtspositionen des Ausländers, die im Rahmen dieses Vertrages untersucht werden, nämlich Einreise, Aufenthalt, Zugang zum Erwerbsleben, Ausreise und Ausweisung, dann ist festzustellen, daß sich für sie aus dem Mindeststandard so gut wie nichts entnehmen läßt. Insbesondere enthält der Mindeststandard keine Regelung bezüglich Einreise- und Aufenthaltsrecht.

---

[48] Siehe *Garcia-Amador*, Yearbook of the International Law Commission 1956 II, S. 201 ff., der aber zu weit geht, wenn er meint, der Unterschied sei bereits heute überholt; siehe auch *Wengler*, Völkerrecht, Bd. 2, 1964, S. 1004. Zur noch heute grundsätzlich bedeutsamen Unterscheidung siehe *Stoffel*, a. a. O. (N. 47), S. 58 f.

[49] Siehe *Verdross/Simma*, Universelles Völkerrecht, 1976, S. 586 f.; ferner *Berber*, a. a. O. (N. 26), S. 408; *Sohn/Baxter*, Draft Convention on the Responsibility of States for Injuries to Aliens, AJIL 1961, S. 548 ff.; *Müller/Wildhaber*, Praxis des Völkerrechts, 1977, S. 327.

Dies kann er auch gar nicht, da er überhaupt nur den Rechtsschutz des zugelassenen Ausländers regelt[50]. Eher mißverständlich ist daher die Aussage des OVG Berlin[51], daß die Bestimmungen des AuslG über Einreise und Niederlassung dem Mindeststandard entsprächen. Diese Aussage suggeriert, daß der Mindeststandard das Problem von Einreise und Niederlassung regelt, und zwar in der gleichen Weise wie das AuslG. Richtig ist dagegen, daß der Mindeststandard diesen Bereich überhaupt nicht regelt, sondern erst nach Zulassung des Ausländers einsetzt.

Es wird in der Literatur teilweise vertreten, ist aber nicht allgemein anerkannt, daß es den Staaten verboten sei, sich gegen Einreise und Niederlassung von Ausländern hermetisch abzuschotten[52]. Selbst wenn aber eine solche Norm bestände, wäre sie im Bezug auf die Bundesrepublik von keiner praktischen Relevanz.

Was die für den zugelassenen Ausländer relevanten Probleme des Zugangs zum Erwerbsleben, der Ausreise und der Ausweisung anlangt, so werden die ersten beiden durch den Mindeststandard nicht gewährleistet, letztere durch ihn nicht verboten. Fraglich ist allenfalls, ob willkürliche Massenausweisungen von Ausländern vom Mindeststandard verboten werden[53]. Auch das kann aber dahingestellt bleiben, da dies im Hinblick auf die Bundesrepublik kein Problem von Belang ist.

Nichts spricht im übrigen dafür, daß der Inhalt des Mindeststandards sich in absehbarer Zukunft dahingehend wandelt[54], daß er ein Recht auf Zugang zum Erwerbsleben in irgendeiner Form beinhaltet. Dem steht die auch im Rahmen der Menschenrechte zu beobachtende Haltung der Staaten der Dritten Welt, die heute die größte Staatengruppe bilden, entgegen, zwar die klassischen Freiheitsrechte des Individuums in zunehmendem Maße völkerrechtlich zu schützen, wirtschaftlichen und sozialen Grundrechten aber überaus

---

[50] Die Darstellung des Mindeststandards erfolgt bei *Verdross/Simma*, a. a. O. (N. 49), S. 586 f., unter der Überschrift: „Der Rechtsschutz der zugelassenen Ausländer im allgemeinen."

[51] DVBl. 1972, S. 280.

[52] Siehe die Nachweise bei *Ruidisch*, a. a. O. (N. 32), S. 23 Anm. 95.

[53] Siehe *Müller/Wildhaber*, a. a. O. (N. 49); *Tomuschat*, DÖV 1974, S. 764.

[54] Zu Recht weist *Doehring*, Die staatsrechtliche Stellung der Ausländer in der Bundesrepublik Deutschland, VVDStRL 32 (1974), S. 13 darauf hin, daß der Mindeststandard keinen endgültig festgelegten Inhalt hat, sondern dem Wandel unterliegt.

reserviert gegenüberzustehen[55]. So ist es von besonderer Aussagekraft, daß zwar der UN-Pakt über bürgerliche und politische Rechte echte Rechtspflichten der Staaten enthält, der UN-Pakt über wirtschaftliche und soziale Rechte hingegen nur Zielvorstellungen.

Nach allem wird klar, daß der Mindeststandard sehr viel enger ist als der Bereich des völkerrechtlichen Menschenrechtsschutzes[56].

Auch neben dem Fremdenrecht gibt es keinen Satz des allgemeinen Völkerrechts, der den Staat verpflichtet, einem Ausländer Einreise und Aufenthalt zu gewähren[57] oder Zugang zum Erwerbsleben. Die Ausreisefreiheit wird vom allgemeinen Völkerrecht nur grundsätzlich, d. h. mit Einschränkungsmöglichkeiten, gewährt[58]. § 19 AuslG ist insoweit unbedenklich. Schutz vor Ausweisung gibt das allgemeine Völkerrecht nur in der Weise, daß die willkürliche Ausweisung verboten ist[59]. Auch § 10 AuslG ist insoweit nicht zu beanstanden. Aus dem allgemeinen Völkerrecht ergeben sich also keine Einflüsse, die die oben (II) aufgeführten Grundzüge des deutschen Ausländerrechts ändern.

Besonders betont sei noch, daß insbesondere die Allgemeine Erklärung der Menschenrechte, die in Art. 13 Aussagen zur Freizügigkeit und zur Ausreisefreiheit enthält und in Art. 14 zum Asylrecht, nur eine Resolution der Generalversammlung der Vereinten Nationen ist, mit empfehlendem Charakter und kein Bestandteil des allgemeinen Völkerrechts[60].

---

[55] Siehe Darstellung und Nachweise bei *Stoffel,* a. a. O. (N. 47), S. 18 ff.

[56] Unzutreffend daher *Franz,* DVBl. 1965, S. 457, der eine Deckung von Mindeststandard und allgemeinen Menschenrechten behauptet.

[57] Zutreffend BVerwG, NJW 1956, S. 1047; BayVGH, BayVBl. 1970, S. 368; *Delbrück* in *Grunow u. a.,* Integration ausländischer Arbeitnehmer. Verwaltung – Recht – Partizipation; Studien zur Kommunalpolitik, 1976, S. 224.

[58] Siehe *Tomuschat,* DÖV 1974, S. 758, m. N.

[59] Siehe *Tomuschat,* DÖV 1974, S. 764.

[60] Siehe *Kimminich,* Einführung in das Völkerrecht, 1975, S. 205; *Tomuschat,* DÖV 1974, S. 759. Nicht überzeugen kann der Versuch von *Tieves,* Freizügigkeit nach allgemeinem Völkerrecht als Voraussetzung für die Arbeit von Ausländern in der Bundesrepublik Deutschland, Diss. Köln 1959, S. 39 ff., Art. 13 der Allgemeinen Erklärung der Menschenrechte als allgemein anerkannten Rechtsgrundsatz i. S. des Art. 38 Abs. 1 c des Statuts des Internationalen Gerichtshofs und folglich als allgemeine Regel des Völkerrechts i. S. des Art. 25 GG nachzuweisen.

IV. Der Einfluß multilateraler Verträge

Verändernder Einfluß auf das deutsche Ausländerrecht könnte sich aber aus einer Reihe multilateraler Verträge ergeben, deren Vertragspartner die Bundesrepublik ist. In Frage kommen die UN-Pakte vom 19.12.1966 über bürgerliche und politische Rechte (IPbürgR) bzw. über wirtschaftliche und soziale Rechte (IPwirtR), die Europäische Menschenrechtskonvention (EMRK) vom 4.11.1950, die Europäische Sozial-Charter vom 18.10.1961 sowie das Europäische Niederlassungsabkommen (ENA) vom 13.12.1955.

1. Die UN-Pakte[61]

Was das Recht auf Einreise anlangt, so bringen diese Pakte gegenüber dem allgemeinen Völkerrecht keinerlei Verbesserung. Art. 12 Abs. 1 des IPbürgR gewährt kein Recht auf Einreise[62], sondern setzt es voraus, wenn er demjenigen, der sich rechtmäßig im Hoheitsgebiet eines Staates aufhält, das Recht zuspricht, sich dort frei zu bewegen und seinen Wohnsitz frei zu wählen. Art. 12 Abs. 4 IPbürgR schützt nur das Einreiserecht in den eigenen Staat, und dies nur in der schwachen Weise, daß dieses Recht nicht willkürlich entzogen werden darf.

Das in Art. 12 Abs. 1 jedermann, und damit auch dem Ausländer, gewährte Freizügigkeitsrecht steht gemäß Abs. 3 unter dem umfassenden Vorbehalt der nationalen Sicherheit, der öffentlichen Ordnung (ordre public), der Volksgesundheit, der öffentlichen Sittlichkeit und der Rechte und Freiheiten anderer. Von entscheidender Bedeutung ist dabei der Vorbehalt der öffentlichen Ordnung. Der gleiche Begriff, im englischen Originaltext „public order", ist auch als Vorbehalt in Art. 29 Abs. 2 der Allgemeinen Erklärung der Menschenrechte enthalten. Aus der Entstehungsgeschichte ergibt sich, daß er dort in einem engeren Sinne zu verstehen ist[63] als etwa unser polizeirechtlicher Begriff der öffentlichen Sicherheit und Ordnung. In Art. 12 Abs. 3 IPbürgR ist dem Begriff der „public order" in Klammern als Erklärung der des „ordre public" beigegeben wor-

---

[61] Deutscher Text bei *Berber/Randelzhofer,* Völkerrechtliche Verträge, Beck-Texte, 2. Aufl. 1979, S. 185 ff. und S. 203 ff. Verbindlicher englischer Text BGBl. 1973 II, S. 1534 ff. und S. 1570 ff.
[62] Ebenso *Delbrück,* a. a. O. (N. 57), S. 224.
[63] Siehe *Tomuschat,* DÖV 1974, S. 759.

24

den. Dieser aber ist sehr viel weiter als der der öffentlichen Sicherheit und Ordnung. Vor allem enthält er ein starkes Element politischer Opportunität[64].

Gegenüber der Allgemeinen Erklärung der Menschenrechte schützt der IPbürgR die Freizügigkeit nur in deutlich eingeschränkter Weise. Das Ermessen der Behörde, nach der sie entsprechend § 7 Abs. 1 AuslG die Aufenthaltserlaubnis beschränken kann oder entsprechend § 7 Abs. 3 bzw. 4 mit Bedingungen und Auflagen versehen kann, wird in seinen tatbestandsmäßigen Voraussetzungen nicht verändert noch gar überhaupt beseitigt.

Andererseits kann aber nicht gesagt werden, daß Art. 12 Abs. 1 IPbürgR bei der Entscheidung über Einschränkungen der Freizügigkeit des Ausländers keinerlei Rolle spielt. Das könnte nur dann der Fall sein, wenn insoweit ein Landesrechtsvorbehalt bestünde, der bezüglich der Freizügigkeit direkt und umfassend auf die jeweilige nationale Rechtsordnung verweisen würde. In einem solchen Falle hätte der IPbürgR überhaupt keinen eigenen materiell-rechtlichen Gehalt, sondern wäre lediglich eine formelle Verweisungsnorm. Das aber ist nicht der Fall. Unbeschadet des weiten Vorbehaltes in Abs. 3 enthält Art. 12 Abs. 1 IPbürgR eine eigene grundsätzliche Entscheidung für die Freizügigkeit. Diese Entscheidung ist bei der, in ihren tatbestandsmäßigen Voraussetzungen unveränderten, Ermessensentscheidung der deutschen Behörden nach § 7 Abs. 1, 3, 4 AuslG zu berücksichtigen. Freilich kann ihr dabei angesichts des weiten Vorbehalts in Art. 12 Abs. 3 IPbürgR kein wesentliches Gewicht zukommen.

Die Ausreisefreiheit wird in Art. 12 Abs. 2 IPbürgR im Grundsatz gewährleistet, steht aber ebenfalls unter dem umfassenden Vorbehalt des Abs. 3. Die tatbestandsmäßigen Voraussetzungen der Ermessensentscheidung aus § 19 AuslG werden dadurch nicht in einer für den Ausländer günstigen Weise verändert. Das IPbürgR ließe Beschränkungen der Ausreisefreiheit vielmehr in weit höherem Maße zu als § 19 AuslG. Daß er trotz des in § 55 Abs. 3 AuslG geregelten Vorranges völkerrechtlicher Verträge die Rechtsposition des Ausländers nicht verschlechtert, ergibt sich aus Art. 5 Abs. 2 IPbürgR, der es verbietet, günstigere nationale Regelungen unter Berufung auf den Pakt zu beschränken. Die gegenüber § 19 AuslG

---

[64] Siehe *Tomuschat*, DÖV 1974, S. 759.

eingeschränkte, aber eigenständige Gewährleistung der Ausreisefreiheit bewirkt wieder, daß sie bei der Ermessensentscheidung
grundsätzlich zu beachten ist. Auch ihr kann aber kein größeres
Gewicht zukommen.

Gegenüber der Ausweisung gewährt Art. 13 IPbürgR keinen ma-
teriellrechtlichen, sondern nur einen formalen Schutz, indem er
eine rechtmäßig ergangene Entscheidung verlangt, mit der grundsätzlichen Möglichkeit der Überprüfung. Bezüglich des Zugangs
zum Erwerbsleben enthält der IPbürgR keinerlei Bestimmung.
Man findet solche zwar im IPwirtR, doch formuliert dieser nur, wie
sich aus seinem Art. 2 ergibt, Zielvorstellungen und keine unmittelbar dem Individuum zukommenden Rechte[65].

Fassen wir zusammen:

Bezüglich der hier behandelten Rechtspositionen des Ausländers
ergibt sich, was den Einfluß der Menschenrechtspakte der Vereinten Nationen anlangt, ein durchaus differenziertes Bild: Keinerlei
Einfluß auf die Entscheidung über die Einreise, da die Pakte insoweit keine Regelungen enthalten; kein Einfluß auf die Entscheidung
über den Zugang zum Erwerbsleben, da die diesbezüglichen Bestimmungen des IPwirtR nur Zielvorstellungen formulieren und
keine Rechte gewähren; kein materiellrechtlicher Einfluß auf die
Entscheidung über Ausweisung, da der IPbürgR nur eingeschränk-
ten formalen Schutz gibt. Die Entscheidungen über Freizügigkeits-
beschränkungen und Ausreise bleiben als Ermessensentscheidungen bestehen und in ihren tatbestandsmäßigen Voraussetzungen
unverändert. Bei der Ermessensübung sind die grundsätzlichen
Gewährleistungen der Freizügigkeit und der Ausreisefreiheit zu beachten. Ein größeres Gewicht kann ihnen dabei nicht zukommen[66].

---

[65] In einer Denkschrift zum IPwirtR weist die Bundesregierung darauf hin, daß
die Pflichten der Vertragsstaaten rein völkerrechtlicher Natur sind, die das innerstaatliche Recht unberührt lassen, und daß die in den Pakt aufgenommenen Rechte
keine einklagbaren Ansprüche begründen; siehe *Bartsch,* Die Entwicklung des internationalen Menschenrechtsschutzes, NJW 1977, S. 474. Siehe auch *Noll-Wagen-
feld,* Aktionsmöglichkeiten der Vereinten Nationen bei Menschenrechtsverletzun-
gen, Vereinte Nationen 1977, S. 181.

[66] *Stoffel,* a. a. O. (N. 47), S. 37, der meint, durch Art. 12 Abs. 1 und Art. 13 IP-
bürgR erfahre die Rechtsstellung des Ausländers eine fühlbare Erweiterung, berücksichtigt den Vorbehalt in Art. 12 Abs. 3 überhaupt nicht. Im übrigen ist die Aussage
nicht auf das deutsche Ausländerrecht bezogen.

2. Die Europäische Menschenrechtskonvention (EMRK)[67]

Die EMRK selbst enthält keine Bestimmungen über die in diesem Rahmen zu untersuchenden Rechtspositionen von Ausländern. Im Protokoll Nr. 4 zur EMRK, die Zusatzartikel zur EMRK enthält, finden sich aber einschlägige Regelungen[68]. Art. 2 Abs. 1 und 2 stimmen wörtlich überein mit Art. 12 Abs. 1 und 2 IPbürgR. Daraus ergibt sich, daß die EMRK und ihr Zusatzprotokoll Nr. 4 ebenfalls keine Regelung über das Einreiserecht der Ausländer enthalten. Art. 3 Abs. 2 sichert lediglich das Einreiserecht des Staatsangehörigen in seinen Staat. Die EMRK und ihre Zusatzprotokolle enthalten keine Regelung über den Zugang zum Erwerbsleben[69]. Art. 4 des Zusatzprotokolls Nr. 4 verbietet lediglich die Kollektivausweisung von Ausländern[70]. Aus allem ergibt sich kein Einfluß auf die Einzelentscheidungen über Einreise, Zugang zum Erwerbsleben und Ausweisung eines Ausländers. Art. 2 Abs. 1 und 2 gewähren dem zugelassenen Ausländer grundsätzlich die Freizügigkeit und die Ausreisefreiheit.

Diese Gewährungen stehen aber in Art. 2 Abs. 3 in ihrer Ausübung unter einem Vorbehalt, dessen Wortlaut dem Art. 12 Abs. 3 IPbürgR entspricht. Im Unterschied dazu ist allerdings der Begriff der öffentlichen Ordnung im englischen Originaltext allein mit dem Begriff des „ordre public" umschrieben. Daraus ergibt sich, daß dieser Begriff der öffentlichen Ordnung wie im Art. 12 Abs. 3 des

---

[67] Deutscher Text bei *Berber/Randelzhofer*, a. a. O. (N. 61), S. 142 ff.; das Protokoll Nr. 4 zur EMRK auf S. 165 ff.; verbindlicher englischer Text BGBl. 1952 II, S. 686 ff. bzw. BGBl. 1968 II, S. 423 ff.

[68] Bedeutsam im Hinblick auf den Schutz und damit die Effektivität dieser Rechte des Zusatzprotokolls Nr. 4 ist, daß die Bundesrepublik Deutschland entsprechend Art. 6 Abs. 2 auch für diese Rechte die Zuständigkeit der Europäischen Menschenrechtskommission und des Europäischen Menschenrechtsgerichtshofs (zunächst befristet bis zum 30. 6. 1981) anerkannt hat; siehe BGBl. 1976 II, S. 1464.

[69] Auch im Rahmen der gegenwärtigen Überlegungen zur Ausweitung der EMRK durch ein weiteres Zusatzprotokoll zeigt sich deutliche Zurückhaltung bezüglich sozialer und wirtschaftlicher Rechte, siehe dazu *Bartsch*, 25 Jahre europäischer Menschenrechtsschutz. Eine Bilanz, Europarecht 1979, S. 113 f. m. N.

[70] Die Europäische Menschenrechtskommission hat wiederholt festgestellt, daß die EMRK Ausländern grundsätzlich keinen Schutz vor Einzelausweisungen gewährt; siehe Collection of Decisions of the European Commission of Human Rights, Vol. 32, Application 3916/69, p. 54 m. w. M.; siehe auch Vol. 32, Application 4314/69, p. 97, wo allerdings anerkannt wird, daß die Ausweisung in besonderen Fällen gegen die EMRK verstoßen kann, etwa gegen das in Art. 3 enthaltene Verbot unmenschlicher oder erniedrigender Behandlung.

IPbürgR weit zu verstehen ist[71]. Für eine enge Auslegung könnte der Gedanke sprechen, daß die im Europarat zusammengeschlossene regionale Völkerrechtsfamilie den Angehörigen der Mitgliedstaaten weitergehende Rechte gewähren wolle als der universal intendierte IPbürgR. Dem steht aber neben dem Wortlaut entgegen, daß die aus der EMRK und ihren Zusatzprotokollen sich ergebenden Rechte nicht nur den Angehörigen der Mitgliedstaaten zustehen, sondern allein der Herrschaftsgewalt der Vertragsstaaten unterstehenden Personen, wie sich insbesondere aus Art. 1, aber auch aus Art. 14 und 25 EMRK ergibt. Daher sind aus Art. 2 Abs. 1 und 2 des Zusatzprotokolls Nr. 4 zur EMRK die grundsätzlichen Entscheidungen für Freizügigkeit und Ausreise des Ausländers nur im Rahmen der ihrer Natur und ihren tatbestandsmäßigen Voraussetzungen unveränderten Ermessensentscheidungen im Rahmen der §§ 2 Abs. 1, 7 Abs. 1, 3 und 4, 10 und 19 AuslG zu berücksichtigen. Ein besonderes Gewicht kann ihnen auch hier nicht zukommen. Nicht überzeugend ist die Ansicht des VG Berlin[72], wonach die in § 7 Abs. 1 Satz 2 AuslG enthaltene Ermächtigung zur räumlichen Beschränkung der Aufenthaltserlaubnis von Art. 2 Abs. 3 des Zusatzprotokolls Nr. 4 EMRK nicht gedeckt sei[73].

3. Die Europäische Sozialcharta[74]
Die Europäische Sozialcharta enthält keine Regelungen über Einreise, Aufenthalt, Ausreise und Ausweisung. Im Anhang zur So-

---

[71] Aus der Praxis der Europäischen Menschenrechtskommission; zu Art. 2 Abs. 3 siehe z.B. Collection of Decisions, Vol. 32, Application 3962/69, p. 69; Vol. 35, Application 4436/70, p. 172 f.; Vol. 37, Application 4256/69, p. 68 f.; die dortigen Fälle sind allerdings derart, daß sich daraus nicht ohne weiteres etwas für die Weite des Vorbehaltes folgern läßt.

[72] NJW 1978, S. 68 f.

[73] Unhaltbar *Gusy*, DVBl. 1979, S. 577, der die in § 7 Abs. 1 AuslG vorgesehene Möglichkeit der räumlichen Beschränkung der Aufenthaltserlaubnis durch Art. 2 des deutschen Zustimmungsgesetzes zum Protokoll Nr. 4 zur EMRK als beseitigt ansieht. Diese Vorschrift hat mit diesem Problem aber absolut nichts zu tun, sondern regelt die Erstreckung des Protokolls Nr. 4 auf Berlin. Zu Unrecht beruft er sich für seine Ansicht auf *Tomuschat*, DÖV 1974, S. 764. *Tomuschat* argumentiert aus Art. 2 Abs. 1 des Protokolls Nr. 4 selbst und äußert lediglich Zweifel bezüglich des 1973 verkündeten Aktionsprogramms der Bundesregierung, das u. a. vorsieht, daß der Zuzug von Ausländern in bestimmte Ballungsgebiete unterbunden wird. Hierbei beachtet er m. E. aber den Vorbehalt in Art. 2 Abs. 3 des Protokolls Nr. 4 nicht genügend.

[74] Text Sartorius II, Nr. 115.

zialcharta, Teil I Absatz 18 und Teil II, Artikel 18 Abs. 1 wird ausdrücklich erklärt, daß ihre Bestimmungen weder die Einreise noch die Bestimmungen des Europäischen Niederlassungsabkommens betreffen. Sie enthält nur Bestimmungen über den Zugang zum Erwerbsleben. Dabei ist deutlich, daß Teil I, der in Ziff. 1 jedermann die Möglichkeit gewährt, seinen Lebensunterhalt durch eine frei übernommene Tätigkeit zu verdienen, und in Ziffer 18 den Angehörigen der Vertragsstaaten unter dem Vorbehalt triftiger wirtschaftlicher oder sozialer Gründe das Recht gibt, im Hoheitsgebiet jedes anderen Vertragsstaates gleichberechtigt mit dessen Staatsangehörigen jede Erwerbstätigkeit aufzunehmen, keine echten Rechtsverpflichtungen enthält, sondern nur Programmsätze. Der Teil I einleitende Absatz spricht davon, daß die Vertragsparteien gewillt seien, eine *Politik* (sic!) zu verfolgen, die darauf *abzielt* (nicht gewährt!), geeignete Voraussetzungen zu schaffen, damit die tatsächliche Ausübung der folgenden Rechte gewährleistet ist. Art. 20 Abs. 1 Buchstabe a spricht ausdrücklich davon, daß Teil I als eine Erklärung der Ziele anzusehen ist.

Im Gegensatz zu Teil I enthält Teil II nach Maßgabe des Teils II echte Verpflichtungen der Vertragsstaaten. Art. 1 gilt nach Art. 20 Abs. 1 Buchstabe b für jeden Vertragsstaat. Für Art. 18 hat die Bundesrepublik gemäß Art. 20 Abs. 1 Buchstabe c die Bindung erklärt. Art. 1 der Sozialcharta verpflichtet die Staaten aber nur zur Schaffung bestimmter Rahmenbedingungen zur Ausübung des Rechtes auf Arbeit. In Art. 18 der Sozialcharta verpflichten sich die Vertragsparteien hinsichtlich der Ausübung des Rechtes auf Ausübung einer Erwerbstätigkeit im Hoheitsgebiet jedes anderen Vertragspartners lediglich zur großzügigen Anwendung und Liberalisierung bestehender (nationaler) Vorschriften. Darüber hinaus unterwirft Art. 31 diese Verpflichtungen dem Vorbehalt der gesetzlich vorgesehenen Einschränkungen zum Schutze der Rechte und Freiheiten anderer, der öffentlichen Sicherheit und Ordnung, der Sicherheit des Staates, der Volksgesundheit und der Sittlichkeit.

Daraus ergibt sich, daß die Ermessensentscheidung aus § 19 AFG und jene über entsprechende Beschränkungen und Bedingungen nach § 7 AuslG, weder beseitigt noch in ihren tatbestandsmäßigen Voraussetzungen verändert werden. Art. 18 der Europäischen Sozialcharta ist lediglich im Rahmen der Ermessensübung zugunsten des Ausländers zu berücksichtigen. Das ist m. E. durch Teil III, 1. Absatz des Anhangs zur Sozialcharta nicht ausgeschlossen, wo es heißt: „Es besteht Einverständnis darüber, daß die Charta rechtliche Verpflichtungen *internationalen* Charakters enthält. Das schließt es aus, unmittelbar Rechte aus der Charta herzuleiten[75], nicht aber, sie im Rahmen eines weiten Ermessens zu berücksichtigen[76].

4. Das Europäische Niederlassungsabkommen[77]

In Art. 1 ENA verpflichten sich die Vertragsstaaten, den Staatsangehörigen der anderen Vertragsstaaten (bisher 11 von 21)[78] die Einreise zu vorübergehendem Aufenthalt zu erleichtern und ihnen Freizügigkeit zu gewähren, sofern nicht Gründe der öffentlichen Ordnung, der Sicherheit, der Volksgesundheit oder der Sittlichkeit entgegenstehen.

Die Formulierung „erleichtern" macht deutlich, daß damit kein Anspruch auf Einreise eingeräumt wird[79].

Indem die Freizügigkeit auch im Rahmen eines vorübergehenden Aufenthalts nur unter dem Vorbehalt der öffentlichen Ordnung gewährt wird, deutet der erste Anschein darauf hin, daß durch Art. 1 ENA auch die tatbestandsmäßigen Voraussetzungen der Ermessensentscheidungen in den §§ 2 Abs. 1 und 7 Abs. 1, 3, 4 AuslG nicht geändert werden. Dies ist jedenfalls dann der Fall, wenn der Begriff der öffentlichen Ordnung hier ebenfalls wie im IPbürgR im weiten Sinne von „ordre public" zu verstehen ist. Zwar spricht Abschnitt III Buchstabe a des Protokolls zum ENA davon, daß der Begriff öffentliche Ordnung weit auszulegen ist. Ein Vergleich zwischen Art. 1 und Art. 2 ENA zeigt aber, daß der Begriff wirtschaftliche und soziale Überlegungen nicht beinhaltet[80]. Damit aber ist er nicht so weit wie der Begriff der Belange der Bundesrepublik. Damit ist der Bereich, in dem Ermessen geübt werden darf, durch Art. 1 ENA gegenüber den §§ 2 Abs. 1 und 7 Abs. 1, 3, 4 erweitert

---

[75] Siehe *Wengler*, Die Unanwendbarkeit der Europäischen Sozialcharta im Staat, 1969, S. 10 ff.

[76] In die gleiche Richtung wie hier *Frowein*, Zur völkerrechtlichen und verfassungsrechtlichen Gewährleistung der Aussperrung, 1976, S. 17 f. bezüglich Art. 6 Nr. 4 der Europäischen Sozialcharta.

[77] Text Sartorius II, Nr. 117. Allgemein dazu *Rigaud*, La convention européenne d'établissement, Révue générale de droit international public, 1957, S. 5 ff.

[78] Siehe Fundstellennachweis B, Beilage zum BGBl. Teil II, Stand: 31.12.1978, S. 270.

[79] So wohl auch *Piot*, a.a.O. (N. 5), 60.

[80] Zutreffend HessVGH, DÖV 1978, S. 139.

worden. In der Bundesrepublik wirkt sich dies praktisch aber in keiner Weise aus, da hier für einen dreimonatigen, sprich vorübergehenden, Aufenthalt ohne Erwerbstätigkeit überhaupt keine Aufenthaltserlaubnis verlangt wird[81].

Was einen längeren oder dauernden Aufenthalt anlangt, so enthält Art. 2 ENA gleichfalls nur die Verpflichtung, ihn zu erleichtern. Also existiert auch insofern kein Anspruch[82]. Im Unterschied zu Art. 1 ENA werden durch Art. 2 ENA aber auch die tatbestandsmäßigen Voraussetzungen der Ermessensentscheidungen in §§ 2 Abs. 1 und 7 Abs. 1, 3, 4 nicht verändert. Zum Vorbehalt der öffentlichen Ordnung tritt dort noch der wirtschaftlicher und sozialer Verhältnisse hinzu. Damit entspricht der Vorbehalt insgesamt dem der Belange der Bundesrepublik. Daher ergibt sich aus Art. 2 ENA lediglich die Verpflichtung der Berücksichtigung im Rahmen der einschlägigen Ermessensübung. Besonderes Gewicht kommt ihr dabei nicht zu[83].

Zur Ausreisefreiheit enthält das ENA keine Bestimmungen. Die in Art. 3 Abs. 1 ENA enthaltene Regelung der Ausweisung deckt § 10 Abs. 1 AuslG voll ab[84], ändert also weder die dortige Ermessensentscheidung grundsätzlich noch in ihren tatbestandsmäßigen Voraussetzungen. Es bleibt auch insoweit nur die Verpflichtung zur Berücksichtigung bei der Ermessensentscheidung selbst. Etwas anderes gilt allerdings hinsichtlich Art. 3 Abs. 3 ENA. Danach können Ausländer, die sich im Gebiet eines der Vertragsstaaten seit mehr als 10 Jahren ordnungsgemäß aufhalten, nur aus Gründen der Sicherheit des Staates ausgewiesen werden, oder wenn sie in besonders schwerwiegender Weise gegen die öffentliche Ordnung oder Sittlichkeit verstoßen. Dadurch wird der durch § 10 Abs. 1 Ziffer 1–10 AuslG gegebene tatbestandsmäßige Rahmen des Ermessens eingeschränkt[85].

Art. 3 Abs. 3 ENA ist einerseits weiter, andererseits enger als Art. 11 AuslG, mit dem er sich aber in den Ausweisungsgründen weitestgehend deckt. Er ist weiter insofern, als er allein den mehr als 10jährigen ordnungsgemäßen Aufenthalt genügen läßt, ohne eine

---

[81] Das ENA verhindert aber für die Zukunft ein Zurückfallen der nationalen Rechtsvorschriften hinter die in Art. 1 ENA gezogene Linie.

[82] Ebenso *Stoffel*, a. a. O. (N. 47), S. 86.

[83] Im gleichen Sinne *Delbrück*, a. a. O. (N. 57), S. 227.

[84] So auch *Kloesel/Christ*, a. a. O. (N. 13), Anm. 3 zu Art. 3 ENA (B 6.1, S. 3).

[85] So auch BVerwG, DÖV 1978, S. 183 f.

besondere Aufenthaltsberechtigung vorauszusetzen, die nur bei sozialer und wirtschaftlicher Integration gegeben ist; er ist enger insofern, als er 10 Jahre voraussetzt, während die Aufenthaltsberechtigung schon nach 5 Jahren erteilt werden kann.

Was den Zugang zum Erwerbsleben anlangt, so gewährt Art. 10 ENA den Ausländern, die Angehörige der Vertragsstaaten sind, Inländerbehandlung, unter dem Vorbehalt entgegenstehender wichtiger Gründe wirtschaftlicher oder sozialer Art. Diese Gründe wirtschaftlicher und sozialer Art entsprechen den Kriterien „Lage und Entwicklung des Arbeitsmarktes", die bei der Entscheidung über die Erteilung der Arbeitserlaubnis zu berücksichtigen sind. Art. 10 ENA beseitigt das Erfordernis der Arbeitserlaubnis nicht und beläßt es dabei grundsätzlich bei der Ermessensentscheidung. Er verändert aber die tatbestandsmäßigen Voraussetzungen des Ermessens, als der Vorbehalt auf *wichtige* wirtschaftliche und soziale Gründe beschränkt wird.

Dem braucht hier nicht näher nachgegangen werden, da das Problem des Zugangs zum Erwerbsleben[86] uns nur in dem Zusammenhang interessiert, daß in der Praxis die Aufenthaltserlaubnis oft nur mit Einschränkungen hinsichtlich einer Erwerbstätigkeit erteilt wird.

Für das ENA stellt Abschnitt V des Protokolls klar, daß die in den Art. 10ff. gewährten Rechte unter dem Vorbehalt eines unbeschränkten Aufenthaltes stehen. Das bedeutet einmal, daß sich aus ihnen, insbesondere aus Art. 10, nichts für die Entscheidung über Einreise und Aufenthalt des Ausländers ergibt, zum andern, daß Art. 10ff. ENA Auflagen und Beschränkungen hinsichtlich der Erwerbstätigkeit nicht entgegenstehen, mit denen die Gebietszulassung verbunden ist.

5. Fazit

Das Fazit aus den multilateralen Vereinbarungen ergibt keine besonders positive Bilanz zugunsten der Ausländer. Andererseits trifft die mitunter anzutreffende zu pauschale Aussage nicht zu, sie beeinflußten das deutsche Ausländerrecht überhaupt nicht, stünden vielmehr ganz unter seinem Vorbehalt. Richtig ist, daß nirgends die

---

[86] Bezüglich des Grundsatzes der Inländergleichbehandlung kommt *Piot*, a. a. O. (N. 5), S. 60ff., 64 zu dem Ergebnis, „qu'il n'est presque jamais accordé intégralement".

zentralen Ermessensentscheidungen des deutschen Ausländerrechts durch Ansprüche der Ausländer ersetzt werden. Auch werden die tatbestandsmäßigen Voraussetzungen des Ermessens nur in
zwei Fällen (Art. 3 Abs. 3, Art. 10 ENA) verändert. Immerhin müssen die in den Vereinbarungen zugunsten der Ausländer getroffenen
Regelungen im Rahmen der Ermessensübung berücksichtigt werden. Ihr Gewicht ist freilich nicht groß.

V. Der Einfluß bilateraler Verträge

1. Arten, Entwicklung und allgemeine Bedeutung solcher Verträge

Völkerrechtliche Regelungen, die die hier behandelten Grundla-
gen des deutschen Ausländerrechts berühren, finden sich vor allem
in den Niederlassungsabkommen[87] der Bundesrepublik mit Frankreich, Griechenland, dem Iran, der Schweiz, Spanien und der Türkei. Darüber hinaus aber auch in einigen – keinesfalls allen –, ihrer
Freundschafts-, Handels- und Schiffahrtsverträge[88], etwa mit Italien, Irland, Japan, Kolumbien, Saudi-Arabien, Thailand, der Dominikanischen Republik und den USA.

Zunächst einige Bemerkungen über die Entwicklung und die allgemeine Bedeutung solcher Niederlassungsabkommen, die für ihre
juristische Bewertung von Bedeutung sein können.

Es fällt zunächst auf, daß für die Bundesrepublik als einem Staat
mit erstrangiger Beteiligung am zwischenstaatlichen Verkehr, und
hier besonders am wirtschaftlichen Verkehr, relativ wenige solcher
Verträge bestehen. Für die Schweiz z. B. etwa existiert demgegenüber eine deutlich größere Zahl solcher Verträge, von denen die
Mehrzahl bereits vor dem Ersten Weltkrieg abgeschlossen wurde[89].
Auch das Deutsche Reich war Partner vieler solcher Verträge, die
aber durch die beiden Weltkriege erloschen und nur in geringer Zahl
wieder zur Anwendung gebracht wurde. Weltweit hat bereits nach
dem Ersten Weltkrieg, stärker aber noch nach 1945, die Neigung
zum Abschluß von Niederlassungsabkommen abgenommen. Aber
nicht nur bezüglich der Zahl der Abschlüsse ist ein Wandel festzustellen, vielmehr auch bezüglich des Inhaltes der Niederlassungs-

---

[87] Siehe die Nachweise im Fundstellennachweis B, Beilage zum BGBl. Teil II,
Stand: 31. 12. 1978, S. 423.
[88] Siehe die Nachweise im Fundstellennachweis B, Beilage zum BGBl. Teil II,
Stand: 31. 12. 1978, S. 414 und 423.
[89] Siehe die Nachweise bei *Stoffel*, a. a. O. (N. 47), S. 99 f.

verträge. Nach einer groben zeitlichen Einteilung kann man feststellen, daß die Niederlassungsverträge bis etwa zum Ersten Weltkrieg oft gekennzeichnet sind durch großzügige vorbehaltlose
Gleichstellung der Ausländer mit den Inländern, was Einreise, Aufenthalt und Zugang zum Erwerbsleben anlangt[90]. Mit dem Ersten
Weltkrieg tritt hier ein grundlegender Wandel ein. An die Stelle
großzügiger Gleichbehandlungsklauseln treten enge Klauseln mit
weiten Vorbehalten[91]. Diese Entwicklung hat sich nach 1945 fort-
gesetzt und eher noch verstärkt. Der Grund für diese Entwicklung
liegt nicht in einer grundsätzlichen Kehrtwendung weg von der
Freizügigkeit für Ausländer. Sie ist vielmehr die bis zu einem gewis-
sen Grad notwendige Reaktion darauf, daß sich jedenfalls für „att-
raktive" Staaten die Ausländerfreizügigkeit zu einem Massenphänomen entwickelt hat. Den wenigen Ausländern, die schon im vo-
rigen Jahrhundert tatsächlich davon Gebrauch machten, konnte
Freizügigkeit großzügig gewährt werden. Kein Staat kann es sich
aber ohne weiteres leisten, Ausländer massenhaft zuzulassen[92]. In
Staaten, in denen die alten, großzügigen Niederlassungsverträge
noch in Kraft sind, stellen sich angesichts dieser Lage erhebliche juristische Probleme. Das Schweizerische Bundesgericht versucht
eine Lösung in der Weise, daß es annimmt, seit dem Ersten Welt-

---

[90] Siehe z. B. Art. III des Freundschafts-, Handels- und Schiffahrtsvertrages zwischen dem Deutschen Reich und Costa Rica vom 18. 5. 1875 (RGBl. 1877, S. 14 f.):
„Die Angehörigen eines jeden der beiden Hohen vertragenden Theile können gegen-
seitig mit voller Freiheit jeden Theil der betreffenden Gebiete betreten, daselbst ihren
Wohnsitz nehmen, reisen, Groß- und Kleinhandel treiben, Grundstücke, Magazine
und Läden, deren sie bedürfen möchten, kaufen, miethen und innehaben, Waaren
und edle Metalle verführen, Konsignationen aus dem Inlande wie aus fremden Län-
dern annehmen, ohne daß sie in irgend einem Falle anderen allgemeinen oder lokalen
Beiträgen Auflagen oder Verpflichtungen, welcher Art auch diese sein mögen, un-
terworfen werden können, als solchen, die den Landesangehörigen auferlegt sind
oder auferlegt werden." Wenn es am Ende dieses Artikels heißt, „es versteht sich jedoch, daß sie in allen diesen Fällen sich nach den Gesetzen und Verordnungen des
Landes zu richten haben", dann ist es kein die obengenannten Berechtigungen inhaltlich einschränkender Vorbehalt, sondern nur der Hinweis darauf, daß die Co-
sta-Ricaner der deutschen Rechtsordnung ebenso unterliegen wie die Deutschen.
[91] Siehe die Schilderung der Entwicklung bei *Stoffel*, a. a. O. (N. 47), S. 65 ff. und
201 ff.
[92] Die Vorbehalte in Art. 11 Abs. 2 GG, insbesondere die der ausreichenden Le-
bensgrundlage und der besonderen Lasten der Allgemeinheit zeigen deutlich, daß
Freizügigkeit als Massenphänomen selbst gegenüber den eigenen Staatsangehörigen
zu Restriktionen zwingt.

krieg existiere eine allgemein anerkannte Auslegungsregel, daß diese Verträge unter dem Vorbehalt des nationalen Ausländerrechts stünden. Durch stillschweigende Vereinbarung der Vertragsparteien hätten diese Verträge nur noch eine sehr eingeschränkte Bedeutung[93]. Auch in den USA, Großbritannien, Frankreich und Österreich werden Niederlassungsverträge restriktiv interpretiert[94]. Das gilt grundsätzlich auch für die Rechtsprechung in der Bundesrepublik[95]. Angesichts der Praxis anderer Staaten ist dies im Hinblick auf den Grundsatz der Reziprozität[96] nicht von vornherein zu tadeln. Da die Bundesrepublik aber ohnehin keine Probleme mit sehr großzügigen Niederlassungsverträgen hat, wäre es nicht notwendig, mit einer generell restriktiven Interpretation die Niederlassungsverträge alle mehr oder weniger über einen Kamm zu scheren.

Einzelne Verträge, oder besser Gruppen von Verträgen, weisen nämlich durchaus unterschiedliche Formulierungen auf[97]. Es bleibt eine noch zu leistende und verdienstvolle Aufgabe, die Niederlassungsverträge der Bundesrepublik detailliert zu untersuchen und eine Kategorisierung zu versuchen[98]. Daß dies im Rahmen dieses Vortrages nicht möglich ist, bedarf keiner Begründung.

Ich muß mich darauf beschränken, den Einfluß der Niederlassungsverträge auf das Ausländerrecht im Zusammenhang mit der konkreten Entscheidung des Hess. VGH vom 2.12.1976 zu prüfen. Ausgehend davon stellt sich die Frage:

[93] Siehe den bei *Müller/Wildhaber*, a.a.O. (N.49), S.117 abgedruckten Auszug aus der Entscheidung im Falle Banque de Crédit international c. Conseil d'Etat du canton de Genève aus dem Jahre 1972.
[94] Siehe *Stoffel*, a.a.O. (N.47), S.206 m.N.
[95] Siehe den Bericht von *Bleckmann*, Zeitschrift für ausländisches öffentliches Recht und Völkerrecht, 1972, S.127ff.
[96] Siehe *Delbrück*, a.a.O. (N.57), S.226; *Stoffel*, a.a.O. (N.47), S.175ff. m.N.
[97] Diese Unterschiede beachtet *Ruidisch*, a.a.O. (N.32), S.173 zu wenig, wenn er diese Verträge als „sachlich weitgehend identisch" bezeichnet und den unterschiedlichen Formulierungen der Vorbehalte offenbar stets gleiche Wirkungen zuspricht. Siehe demgegenüber für die Verträge der Schweiz die notwendige Differenzierung der Vorbehalte (echter Landesrechtsvorbehalt einerseits, bloßer Polizeivorbehalt andererseits) bei *Stoffel*, a.a.O. (N.47), S.197ff.
[98] Verdienstvoll deshalb die Ansätze dazu durch den HessVGH, DÖV 1978, S.138.

2. Ersetzen Niederlassungsverträge die Ermessensentscheidung in § 2 Abs. 1 AuslG über Einreise und Aufenthalt durch einen Anspruch des Ausländers?

Der HessVGH hat dies für den deutsch-griechischen Niederlassungsvertrag vom 18.3.1960[99] bejaht. Daß an die Stelle der Ermessensentscheidung in § 2 Abs. 1 AuslG, wonach die Aufenthaltserlaubnis bei Vorliegen bestimmter Voraussetzungen erteilt werden *darf*, ein Anspruch auf Erteilung trete, folgert der HessVGH aus Art. 1 Abs. 2 des deutsch-griechischen Niederlassungsvertrages, wo es heißt: ,,Den Staatsangehörigen eines Vertragsstaates *werden* nach Maßgabe der geltenden Bestimmungen die Einreise ... und Aufenthalt in dem Gebiet des anderen Vertragsstaates *gestattet*, sofern nicht Gründe der öffentlichen Ordnung, der Sicherheit, der Volksgesundheit oder der Sittlichkeit entgegenstehen." In seiner weiteren Argumentation stützt sich das Gericht vor allem auf den Vorbehalt der öffentlichen Ordnung etc. und interpretiert ihn enger als ,,Belange der Bundesrepublik" in § 2 Abs. 1 AuslG. Wenn letzteres auch zutreffend ist, wie noch zu zeigen sein wird, so hat dieser Vorbehalt entgegen der Ansicht des HessVGH nicht nur dann einen Sinn, wenn beim Fehlen dieser Gründe dem Ausländer ein Anspruch auf Erteilung der Aufenthaltserlaubnis zusteht. Für den Wandel von der Ermessensentscheidung zum Anspruch auf Einreise und Aufenthalt beweist der Vorbehalt gar nichts. Für einen solchen Wandel kann nur angeführt werden, daß es in Art. 1 Abs. 2 des deutsch-griechischen Niederlassungsvertrages nicht wie in § 2 Abs. 1 AuslG heißt ,,darf erteilt werden", sondern ,,werden gestattet". Diese Formulierung wird aber in dreifacher Weise im deutsch-griechischen Niederlassungsvertrag relativiert und entkräftet: In § 1 Abs. 1 des Vertrages verpflichten sich die Vertragspartner lediglich dazu, Einreise und Aufenthalt zu erleichtern, nicht etwa zu gestatten. In Art. 1 Abs. 2 des deutsch-griechischen Niederlassungsvertrages wird Einreise und Aufenthalt nur *nach Maßgabe der geltenden Bestimmungen gestattet*. Damit ist insbesondere auf § 2 AuslG verwiesen und die darin enthaltene Ermessensentscheidung. Bei der Auslegung des HessVGH liefe dieser Passus leer. Sein Hinweis, hierunter fielen alle übrigen Bestimmungen des AuslG, überzeugt nicht. Schließlich ist die Annahme eines Anspruchs auf Einreise und Aufenthalt kaum vereinbar mit Nr. 1 des Protokolls

---

[99] BGBl. 1962 II, S. 1505 ff.

des deutsch-griechischen Niederlassungsvertrages, wonach Erlaubnisanträge wohlwollend zu prüfen sind.

Zu Recht hat daher das BVerwG aus diesen Gründen entgegen dem HessVGH einen Anspruch auf eine Aufenthaltserlaubnis verneint.

Da in keinem Niederlassungsvertrag eine für den Ausländer günstigere Regelung als in Art. 1 Abs. 2 des deutsch-griechischen Niederlassungsvertrages enthalten ist, ist als wichtiges Ergebnis festzuhalten, daß die Ermessensentscheidung in § 2 Abs. 1 AuslG durch diese Verträge nicht beseitigt wird.

Hinzuweisen ist dabei noch auf folgendes: Wie unten noch zu zeigen ist, hat das EWG-Recht die Ermessensentscheidung in § 2 Abs. 1 AuslG durch einen Anspruch auf Einreise und Aufenthalt ersetzt. Einige der Niederlassungsverträge enthalten eine Meistbegünstigungsklausel[100]. Der EWGV ist wegen seiner besonderen Zielsetzungen, die nicht mit normalen bilateralen Staatenbeziehungen vergleichbar sind, kein Anknüpfungspunkt dafür[101]. Auch auf diesem Wege ergibt sich also kein Anspruch auf Einreise und Aufenthalt.

3. Verändern die Niederlassungsverträge die tatbestandsmäßigen Voraussetzungen der Ermessensentscheidung?

Wenn ich eingangs sagte, daß ich aber auch mit der Entscheidung des BVerwG nicht uneingeschränkt zufrieden bin, so deswegen, weil es, wie schon in einer früheren Entscheidung[102], erneut die Frage explizit offenließ[103], ob die Negativschranke in § 2 Abs. 1 AuslG durch Art. 1 Abs. 2 des deutsch-griechischen Niederlassungsvertrages auf die dort aufgeführten Versagungsgründe eingeschränkt wird. Mit anderen Worten, ob durch Art. 1 Abs. 2 die tat-

[100] Siehe z. B. Art. 1 Abs. 2 des Niederlassungsabkommens zwischen dem Deutschen Reich und dem Kaiserreich Persien vom 17. 2. 1929 (RGBl. 1930 II, S. 1007; zwischen der Bundesrepublik und dem Kaiserreich Iran in Kraft gemäß Bekanntmachung vom 15. 8. 1955, BGBl. 1955 II, S. 829). Diese Meistbegünstigungsklausel bewirkt, daß die dargestellte Regelung des Art. 1 Abs. 2 des deutsch-griechischen Niederlassungsvertrages auch für iranische Staatsangehörige zur Anwendung kommt; so OVG Hamburg, DVBl. 1978, S. 504.

[101] Allgemeine Meinung. Siehe z. B. *Piot*, a. a. O. (N. 5), S. 50, die dies mit Art. 234 Abs. 3 EWGV begründet; *Kloesel/Christ*, a. a. O. (N. 13), Anm. 4 zu Art. 1 des deutsch-persischen Niederlassungsabkommens, B. 6.2.3, S. 2 f.; *Ruidisch*, a. a. O. (N. 32), S. 174 f.

[102] BVerwG, DÖV 1970, S. 342.

[103] DÖV 1979, S. 372.

bestandsmäßigen Voraussetzungen der Ermessensentscheidung in § 2 Abs. 1 AuslG verändert werden.

Einerseits betont das BVerwG, daß der „sofern-Klausel" im letzten Halbsatz des Art. 1 Abs. 2 bejahendenfalls ein praktischer Sinn verbleibt, andererseits gehen die weiteren Ausführungen dahin, den deutsch-griechischen Niederlassungsvertrag, insbesondere die Wohlwollensklausel in Nr. I des Protokolls, nur im Rahmen der Ermessensübung selbst zu berücksichtigen.

Ich meine, daß der deutsch-griechische Niederlassungsvertrag nicht nur im Rahmen der Ermessensübung selbst zu berücksichtigen ist, sondern durch Art. 1 Abs. 2 die tatbestandsmäßigen Voraussetzungen des Ermessens verändert[104]. Will man nicht annehmen, daß die „sofern-Klausel" neben dem durch die Formulierung „nach Maßgabe der geltenden Bestimmungen" ins Spiel gebrachten § 2 Abs. 1 AuslG keine Funktion mehr hat, dann muß man die dort genannten Versagungsgründe als enger ansehen als den Begriff der Belange der Bundesrepublik. Eine Stütze für diese Ansicht findet sich im ENA, wo der Vergleich von Art. 1 und 2 ergibt, daß, wie oben gezeigt wurde, auch dort der Begriff der öffentlichen Ordnung enger ist als der der „Belange der Bundesrepublik", da er wirtschaftliche und soziale Verhältnisse nicht umfaßt. Die Bundesrepublik und Griechenland sind beide auch Vertragspartner des ENA. Schließlich ist zu betonen, daß diese Auslegung keineswegs dazu führt, daß die Bundesrepublik wirtschaftliche und soziale Belange bei der Entscheidung über Einreise und den Aufenthalt von Griechen nicht mehr berücksichtigen kann. Dies ist sehr wohl im Rahmen der immer noch bestehenden Ermessensübung möglich. Diese Auslegung führt nur dazu, daß der Bereich, in dem Ermessen überhaupt geübt werden kann, gegenüber § 2 Abs. 1 AuslG erweitert ist. Damit ist aber nicht gesagt, daß allen Niederlassungsverträgen diese Wirkung zukommt. Meine Aussage gilt zunächst nur für den deutsch-griechischen Niederlassungsvertrag. Nun enthalten auch einige andere Verträge gleiche oder ähnliche Klauseln[105]. Prima fa-

---

[104] Ebenso OVG Hamburg, NJW 1978, S. 2467 ff.

[105] Siehe z. B. Art. 2 Abs. 1 des Freundschafts-, Handels- und Schiffahrtsvertrages mit Italien vom 21. 11. 1957, BGBl. 1959 II, S. 950; ferner Art. 1 und 2 des Niederlassungsvertrages mit der Schweiz vom 13. 11. 1909, RGBl. 1911, S. 887 f.; Art. I des Niederlassungs- und Schiffahrtsvertrages mit Frankreich vom 27. 10. 1956, BGBl. 1957 II, S. 1662; Art. 1 des Niederlassungsvertrages vom 23. 4. 1970 mit Spanien, BGBl. 1972 II, S. 1042 f. Die Regelung des deutsch-griechischen Niederlas-

cie haben auch diese Verträge die Wirkung wie der deutsch-griechische Niederlassungsvertrag. Endgültige Aussagen bedürfen aber
einer genauen Auslegung des einzelnen Vertrages.

Auf der anderen Seite kann gesagt werden, daß denjenigen Verträgen, die Einreise und Aufenthalt voll den nationalen Rechtsvorschriften unterstellen[106], eine solche Wirkung nicht zukommt. Ihre
Beeinflussung des nationalen Rechts besteht nur darin, daß sie bei
der Ermessensausübung selbst beachtet werden müssen.

*4. Einfluß der Niederlassungsverträge auf Beschränkungen in der
Aufenthaltserlaubnis*

Da es in der ausländerrechtlichen Praxis eine nicht unbedeutende
Rolle spielt, soll noch kurz auf das Problem eingegangen werden,
ob die in den Niederlassungsverträgen enthaltenen Regelungen
über Inländerbehandlung der Ausländer beim Zugang zum Erwerbsleben dem entgegenstehen, daß die Aufenthaltserlaubnis mit
der Beschränkung erteilt wird, daß keine selbständige Erwerbstätigkeit ausgeübt werden darf.

Es wird die Ansicht vertreten, daß aus Art. 7 des deutsch-griechischen Niederlassungsvertrages, der Inländerbehandlung beim Zugang zum Erwerbsleben gewährt, die Unzulässigkeit einer oben genannten Beschränkung der Aufenthaltserlaubnis gefolgert werden
muß[107].

---

sungsvertrages kommt auch den Angehörigen jener Staaten zugute, in deren Verträ-
gen mit der Bundesrepublik bezüglich Einreise, Aufenthalt und Niederlassung die
Meistbegünstigung vereinbart ist. Das ist der Fall in Art. 3 Abs. 1 des Freundschafts-,
Handels- und Schiffahrtsvertrages mit Kolumbien vom 23. 7. 1892, RGBl. 1894,
S. 473; in Art. 1 Ziffer 1 des Handels- und Schiffahrtsvertrages vom 20. 7. 1927 mit
Japan, RGBl. 1927 II, S. 1088; in Art. 1 Abs. 2 des Niederlassungsabkommens vom
17. 2. 1929 mit Persien, RGBl. 1930 II, S. 1007; in Art. 4 des Handels- und Schiff-
fahrtsvertrages mit Irland vom 12. 5. 1930, RGBl. 1931 II, S. 117; in Art. 1 Abs. 2 des
Freundschafts-, Handels- und Schiffahrtsvertrages vom 30. 12. 1937 mit Siam,
RGBl. 1938 II, S. 52.
[106] So z. B. Art. 2 des Niederlassungsabkommens mit der Türkei vom
12. 1. 1927, RGBl. 1927 II, S. 77; Art. II Abs. 1 des Freundschafts-, Handels- und
Schiffahrtsvertrages vom 29. 10. 1954 mit den USA, BGBl. 1956 II, S. 488; Art. 2
Abs. 1 des Freundschafts-, Handels- und Schiffahrtsvertrages vom 23. 12. 1957 mit
der Dominikanischen Republik, BGBl. 1959 II, S. 1469.
[107] So das VG Ansbach, Gew.Arch. 1967, S. 190 ff.; auch *Baum*, Aufenthaltserlaubnis und Niederlassung auf Grund zwischenstaatlicher Verträge, Gew.Arch.
1968, S. 245 ff. Der HessVGH, DÖV 1978, S. 137 ff. begründet dasselbe Ergebnis
nicht aus Art. 7, sondern aus Art. 1 Abs. 2 des deutsch-griechischen Niederlassungsvertrages.

Demgegenüber vertreten die meisten Oberverwaltungsgerichte und das BVerwG in st. Rspr.[108] die Ansicht, daß aufenthaltsrechtliche Bestimmungen der Niederlassungsverträge unabhängig neben anderen Bestimmungen, etwa über Berufszulassung, stehen. Bestimmungen wie Art. 7 des deutsch-griechischen Niederlassungsvertrages setzten ihrerseits die unbeschränkte Aufenthaltserlaubnis voraus. Ich halte diese Ansicht für zutreffend, da andernfalls die aufenthaltsrechtlichen Regeln bei allen Ausländern, die einer Erwerbstätigkeit nachgehen wollen, leerlaufen würden. Für die zu Recht betonte Unabhängigkeit der Aufenthaltsregeln, etwa von denen über eine Erwerbstätigkeit, möchte ich nur auf ein Beispiel aus der Vertragspraxis hinweisen, das sie sehr sichtbar zum Ausdruck bringt.

In einem Vertrag vom 31. 10. 1910 zwischen der Schweiz und dem Deutschen Reich, der noch heute gilt, wird in Art. 1 Abs. 2 den gegenseitigen Staatsangehörigen Inländerbehandlung beim Zugang zum Erwerbsleben gewährt. Der Vertrag gewährt in diesem Zusammenhang aber keinerlei Aufenthaltsrechte und verweist auch nicht auf den deutsch-schweizerischen Niederlassungsvertrag vom 13. 11. 1909, wo unabhängig davon Einreise und Aufenthalt geregelt sind. Deutlich zeigt sich hier die Getrenntheit beider Materien. Die Regelung in *einem* Vertrag ändert daran grundsätzlich nichts. Die gegenseitige Ansicht muß annehmen, daß in Vorschriften wie Art. 7 des deutsch-griechischen Niederlassungsvertrages zumindest stillschweigend auch eine für den Ausländer günstige Regelung der Aufenthaltsfrage getroffen ist. Das widerspricht sowohl dem Wortlaut als auch dem völkerrechtlichen Auslegungsgrundsatz, daß Einschränkungen der staatlichen Souveränität nicht vermutet werden dürfen[109]. Trotz Art. 7 des deutsch-griechischen Niederlassungs-

---

[108] Siehe BayVGH, Gew.Arch. 1968, S. 45 f.; OVG Koblenz, Gew.Arch. 1969, S. 284; OVG Hamburg, NJW 1978, S. 2468; BVerwG, DÖV 1970, S. 341 f.; BVerwG, DÖV 1979, S. 372. Ebenso *Kloesel/Christ*, a. a. O. (N. 13), Anm. 3 zu Art. 7 des deutsch-griechischen Niederlassungsvertrages, B 6.2.8, S. 8.
[109] Diese Auslegungsregel ist zwar in Art. 31 der Wiener Vertragskonvention (Text bei *Berber/Randelzhofer*, a. a. O. (N. 61), S. 109) nicht genannt. Es ist aber allgemein anerkannt, daß sie daneben gewohnheitsrechtlich gilt; siehe *Berber*, a. a. O. (N. 26), S. 482; *Verdross/Sima*, a. a. O. (N. 49), S. 393; *Seidl-Hohenveldern*, Völkerrecht, 3. Aufl. 1975, Rdn. 249, 251. Diese Auslegungsregel hat das BVerwG wohl im Auge, wenn es die Versuche, aus Bestimmungen wie Art. 7 des deutsch-griechischen Niederlassungsvertrages auch ein Aufenthaltsrecht herauszulesen, mit dem pauschalen und daher wenig aussagekräftigen Satz zurückweist, dies „verkenne die

vertrages und vergleichbarer Regelungen darf davon begünstigten Ausländern die Aufenthaltserlaubnis versagt oder beschränkt werden[110].

Da dafür aber grundsätzlich aufenthaltsrechtliche Erwägungen maßgeblich sein müssen, wird man der Ansicht des OVG Münster[111] nicht folgen können, nach der rein gaststättenrechtliche Erwägungen (Unzuverlässigkeit) es zulassen, in der Aufenthaltserlaubnis den Betrieb einer Gaststätte auszuschließen[112].

5. Ausreise und Ausweisung

Die Niederlassungsverträge enthalten zum Problem der Ausreisefreiheit meist keine, jedenfalls keine den § 19 AuslG verändernden Regelungen.

Die Regelungen der Ausweisung, soweit sich solche in den Verträgen finden, lassen § 10 AuslG meist unberührt[113]. Bisweilen bringen sie aber für Ausländer, die sich längere Zeit (5 Jahre, 10 Jahre) in der Bundesrepublik aufgehalten haben, eine erhebliche Reduzierung der Ausweisungsgründe[114].

Besonderheiten eines zwischenstaatlichen Vertrages" (so das BVerwG, DÖV 1970, S. 341; die gleiche Formel gebraucht das OVG Hamburg, NJW 1978, S. 2468).

[110] Daß Regelungen bezüglich des Zugangs zum Erwerbsleben grundsätzlich nicht Regelungen über Einreise und Aufenthalt implizieren, zeigt auch der Beschluß des Rates der OECD zur Regelung der Beschäftigung von Angehörigen der Mitgliedstaaten vom 30. 10. 1953 i. d. F. vom 7. 12. 1956 (Text bei *Erdmann*, Europäisches Fremdenrecht, 1969, S. 323 ff.). Während die Ziffern 1, 3, 5 des Beschlusses die Genehmigung der Arbeitsaufnahme regeln, bestimmt Ziffer 9, daß die dahingehenden Verpflichtungen der Staaten den Beschränkungen unterliegen, die in den Mitgliedstaaten für Einreise und Aufenthalt gelten.

[111] Gew.Arch. 1978, S. 385; kritisch dazu *Huber*, Die Entwicklung des Ausländer- und Arbeitserlaubnisrechts im Jahre 1978, NJW 1979, S. 1735.

[112] Zu Recht stellt das BVerwG, DÖV 1979, S. 374 fest, daß die Ausländerbehörde auf aufenthaltsrechtliche Erwägungen abzustellen hat, und nicht auf berufs- und gewerberechtliche Gesichtspunkte. Im selben Sinne *Ruidisch*, a. a. O. (N. 32), S. 181 f.

[113] Siehe z. B. Art. 2 Abs. 2 des Freundschafts-, Handels- und Schiffahrtsvertrages mit der Dominikanischen Republik; Art. 2 Abs. 2 des Niederlassungsabkommens mit Persien; Art. 6 des Freundschafts-, Handels- und Schiffahrtsvertrages mit Kolumbien.

[114] Siehe z. B. Art. III Abs. 3 des Niederlassungs- und Schiffahrtsvertrages mit Frankreich; Art. 2 Abs. 2 des Freundschafts-, Handels- und Schiffahrtsvertrages mit Italien; dazu BVerwG, DÖV 1978, S. 183; Art. 2 Abs. 3 des Niederlassungs- und Schiffahrtsvertrages mit Griechenland.

VI. Der Einfluß des Europarechts

Mit Abstand am weitreichendsten wird das deutsche Ausländerrecht durch das Recht der Europäischen Gemeinschaften beeinflußt. Sichtbarsten Ausdruck findet dieser Einfluß im „Gesetz über
Einreise und Aufenthalt von Staatsangehörigen der Mitgliedstaaten
der EWG" (AufenthG/EWG) vom 22.7.1969, das gegenüber dem
AuslG grundlegende Veränderungen bringt. Mit diesem Auf-
enthG/EWG reagierte der deutsche Gesetzgeber auf die einschlägigen Bestimmungen des EWGV sowie auf darauf fußende Verordnungen und Richtlinien des Rates der EWG sowie die Rechtsprechung des EuGH dazu.

Trotzdem es sich hierbei um die inhaltlich bedeutsamste Einfluß-
nahme auf das deutsche Ausländerrecht handelt, kann ich mich auf
eine knappe Darstellung beschränken, weil das Problem in der Literatur bereits zahlreiche und eingehende Erörterungen erfahren hat.

1. Von der Ermessensentscheidung über Einreise und Aufenthalt zum Anspruch darauf

Steht es nach § 2 Abs. 1 AuslG im – weiten – Ermessen der Behörde, ob sie dem Ausländer, dessen Anwesenheit Belange der
Bundesrepublik nicht beeinträchtigt, eine Aufenthaltserlaubnis erteilt und damit Einreise und Aufenthalt gestattet oder nicht, so heißt
es im AufenthG/EWG in § 1 Abs.1 „die Freizügigkeit wird gewährt"; in § 2 Abs.1 „die Einreise wird gestattet"; in § 3 Abs.1
„eine Aufenthaltserlaubnis wird auf Antrag erteilt". Aus der gegenüber § 2 Abs.1 AuslG unterschiedlichen Formulierung wird
deutlich, daß an die Stelle des Ermessens der Behörde ein Anspruch
des Ausländers getreten ist.

Freilich gilt dies nicht für alle Angehörigen der EWG-Staaten,
sondern nur für Arbeitnehmer, niedergelassene selbständige Er-
werbstätige und Erbringer oder Empfänger von Dienstleistungen[115] sowie enge Familienangehörige solcher Personen[116]. Für alle
anderen Angehörigen von EWG-Staaten gilt weiter das AuslG[117],

---

[115] Siehe § 1 Abs.1 Ziffer 1–4 AufenthG/EWG.

[116] Siehe § 1 Abs.2 AufenthG/EWG.

[117] Zutreffend festgestellt im Bulletin der EG 1979 Nr. 7/8, S.27f. Die Kommis-
sion hat dem Rat am 31.7.1979 einen Vorschlag für eine Richtlinie über das Aufenthaltsrecht der Staatsangehörigen der Mitgliedstaaten übermittelt (siehe ABl. C 207,
S. 14ff.). Ziel dieses Vorschlages ist es, die Freizügigkeit unabhängig von der Ausübung einer Erwerbstätigkeit zu gewähren.

42

soweit nicht die oben (III–V) behandelten völkerrechtlichen Regelungen eine Änderung bewirken.

Die genannten Vorschriften des AufenthaltsG/EWG entsprechen den Art. 48 Abs. 1, 52 und 59 EWGV und den zu ihrer Kon-
kretisierung ergangenen Verordnungen und Richtlinien des
Rates[118]. Nach der inzwischen ständigen Rechtsprechung des
EuGH[119] ergibt sich seit dem Ende der Übergangszeit (also seit
1.1.1970) aus den genannten Artikeln des EWGV unmittelbar ein
Anspruch auf Freizügigkeit der Arbeitnehmer, auf Niederlassungsfreiheit und auf Dienstleistungsfreiheit. Die zu ihrer Präzisierung
ergangenen Verordnungen und Richtlinien – zu nennen sind insbesondere die VO Nr. 1612/68, sowie die RL 64/220, 64/221, 68/360
und 73/148[120] –, sind nach der Rechtsprechung des EuGH in den
Mitgliedstaaten unmittelbar anwendbar und schaffen direkt Rechte
der genannten Personen.

Die in den §§ 3 ff. AufenthG/EWG genannte Aufenthaltserlaubnis, auf deren Erteilung grundsätzlich ein Anspruch besteht, ist im
Gegensatz zu der in § 2 Abs. 1 AuslG nicht konstitutiv, sondern
nur deklaratorisch. Daß im Falle der durch das EWG-Recht begün-
stigsten Ausländer überhaupt eine Aufenthaltserlaubnis vorgesehen
ist und für deren Erteilung die Vorlage eines gültigen Ausweises
verlangt wird (§ 10 AufenthG/EWG), entspricht Art. 4 Abs. 3 RL
68/360 und Art. 6 RL 73/148. Bei Beachtung des materiellrechtli-
chen Unterschiedes bestehen nach Aussage des EuGH[121] auch
keine Bedenken dagegen, daß die Aufenthaltserlaubnis für vom
EWG-Recht begünstigte Ausländer nominell die gleiche ist wie die
für den „normalen" Ausländer. Problematisch ist, ob der durch das
EWG-Recht privilegierte Ausländer, der sich ohne Aufenthaltser-

[118] In diesem Zusammenhang ist eine weitere Einschränkung zu beachten: Die
Freizügigkeit und Niederlassungsfreiheit gilt nicht für Tätigkeiten, die in einem Mit-
gliedstaat mit der Ausübung öffentlicher Gewalt verbunden sind; siehe Art. 48
Abs. 4 und 55 Abs. 1 EWGV; dazu eingehend *Wittkopp*, Wirtschaftliche Freizügigkeit und Nationalstaatsvorbehalte, 1977, S. 88 ff.
[119] Siehe EuGH, Slg. 1974, S. 371; 1974, S. 1337 ff.; EuGRZ 1976, S. 270 ff.;
EuGRZ 1976, S. 346 ff.; EuGRZ 1977, S. 324.
[120] Siehe *Sartorius* II, Nr. 180–180c, sowie *Kloesel/Christ*, a. a. O. (N. 13),
B. 4.5.
[121] So der EuGH in der Sagulo-Entscheidung, EuGRZ 1977, S. 324. So auch *Sasse*, Bannstrahl des EuGH gegen deutsches EG-Ausländerrecht? EuGRZ 1978,
S. 232 f.

laubnis und Paß in der Bundesrepublik aufhält, nach § 47 Abs. 1
Ziffer 1 AuslG, auf den § 15 AufenthG/EWG verweist, bestraft
werden kann.

Das AG Reutlingen hatte Bedenken dagegen, da § 47 AuslG sich
nur auf die konstitutive Aufenthaltserlaubnis des AuslG beziehe
und keine Anwendung auf die nur deklaratorische Aufenthaltserlaubnis des AufenthG/EWG finden könne. Es hat die Frage dem
EuGH im Wege des Vorabentscheidungsverfahrens nach Art. 177
EWGV vorgelegt.

Die Entscheidung des EuGH, das Sagulo-Urteil[122], ist aber sei-
nerseits in der deutschen Literatur und Rechtsprechung unterschiedlich ausgelegt worden[123]. Dies liegt nicht so sehr an Zweideu-
tigkeiten des Urteils, wie inbesondere *Sasse*[124] in seiner abgewoge-
nen Analyse zeigt, sondern daran, daß einige Interpreten sich weniger auf die Ausführungen des EuGH selbst als vielmehr auf die im
Urteil referierte, vom EuGH aber nicht geteilte Auffassung der
EG-Kommission stützen und nicht genügend beachten, daß der
EuGH das Fehlen der Aufenthaltserlaubnis anders bewertet als das
Fehlen des Ausweises.

In knappster Form zusammengefaßt besagt die Entscheidung des
EuGH: Die Mitgliedstaaten dürfen das vom EWG-Recht gedeckte
Erfordernis einer Aufenthaltserlaubnis auch mit Strafsanktionen
bewehren. Allerdings muß dabei ein Unterschied zu den Strafsanktionen beachtet werden, wie sie beim Fehlen der normalen, konsti-
tutiven Aufenthaltserlaubnis des AuslG zur Anwendung kommen,
da die Aufenthaltserlaubnis nach EWG-Recht nur deklaratorischer
Natur sei. Keine Bedenken bestehen dagegen, den EWG-Auslän-
der, der sich ohne gültigen Ausweis in der Bundesrepublik aufhält,
härter zu bestrafen als einen Deutschen, bei dem dies nur als Ordnungswidrigkeit geahndet wird. Insoweit sei der Status von In- und
Ausländern überhaupt nicht zu vergleichen. Zu Unrecht zog das
AG Reutlingen[125], dessen Entscheidung unterdessen vom OLG
Stuttgart[126] aufgehoben wurde, daraus den Schluß, daß die im konkreten Verfahren angeklagten italienischen Staatsbürger freizuspre-

[122] EuGRZ 1977, S. 322 ff.
[123] Siehe für die Rechtsprechung die Nachweise oben N. 8, 9, 10; für die Literatur die Nachweise bei *Sasse*, a.a.O. (N. 121), S. 231, N. 13.
[124] A.a.O. (N. 121), S. 230 ff.
[125] EuGRZ 1977, S. 415 ff.
[126] NJW 1978, S. 1758 f.

chen seien, da die Anwendung des § 47 AuslG gegen das Gemeinschaftsrecht verstoße. Was eine Verurteilung wegen des Fehlens eines gültigen Ausweises anlangt, steht diese Ansicht im offenen Widerspruch zur Aussage des EuGH. Aber auch hinsichtlich der Bestrafung wegen Fehlens der Aufenthaltserlaubnis entspricht es der – hier zugegebenermaßen nicht in jeder Hinsicht eindeutigen –, Aussage des EuGH eher, wenn man mit dem BayObLG[127] und dem OLG Stuttgart die Anwendung des § 47 AuslG mit der Einschränkung als zulässig ansieht, daß nur auf Geldstrafe erkannt wird. Wie zu lesen ist[128], beabsichtigt der Gesetzgeber das Problem ohnehin zu lösen, indem künftig das Fehlen von Ausweis und Aufenthaltserlaubnis nach dem AufenthG/EWG nur noch als Ordnungswidrigkeit geahndet werden soll.

2. Zugang zum Erwerbsleben

Ist nach dem deutschen Ausländerrecht und nach den oben behandelten völkerrechtlichen Regeln der Zugang zum Erwerbsleben mit dem Recht auf Einreise und Aufenthalt keinesfalls verbunden, so besteht das aus dem EWG-Recht fließende Einreise- und Aufenthaltsrecht gerade nur zu dem Zwecke der Arbeitsaufnahme, der Aufnahme einer selbständigen Erwerbstätigkeit, des Erbringens oder Empfangens von Dienstleistungen.

Das Freizügigkeitsrecht ist also automatisch mit dem Recht auf Zugang zum Erwerbsleben verbunden[129].

3. Ausreisefreiheit

Die Ausreisefreiheit, in Art. 48 Abs. 1, 52 und 59 EWGV schon enthalten, wird in den Art. 2 Abs. 1 der RL 68/360 und 73/148 ausdrücklich gewährt und bestimmt, daß es lediglich der Vorlage eines gültigen Personalausweises oder Reisepasses bedarf, um von diesem Recht Gebrauch zu machen. Auch diese Ausreisefreiheit steht nicht nur dem Arbeitnehmer etc. selbst, sondern auch seinen engen Familienangehörigen zu.

---

[127] EuGRZ 1978, S. 74 ff.

[128] Siehe *Huber*, NJW 1979, S. 1733, Anm. 11.

[129] Dem trägt § 19 Abs. 2 AFG Rechnung, indem er bestimmt, daß die Rechtsvorschriften der Europäischen Gemeinschaften unberührt bleiben, d. h. insoweit Ausnahmen vom Erfordernis der Arbeitserlaubnis (§ 19 Abs. 1 AFG) bestehen.

4. Der Vorbehalt der öffentlichen Ordnung, Sicherheit und Gesundheit

Das EWG-Recht gewährt die behandelten Rechte allerdings nicht schrankenlos. Art. 48 Abs. III, 56, 66 EWGV und Art. 10 RL 68/360 und Art. 8 RL 73/148 stellen sie unter dem Vorbehalt der öffentlichen Ordnung, Sicherheit und Gesundheit.

Art. 12 AufenthG/EWG will diesen Vorbehalt im innerstaatlichen Recht ausdrücken. Dieser Vorbehalt beschränkt einerseits die genannten Rechte und gibt positiv gesehen die inhaltliche Grundlage für das Ausweisungsrecht.

In dem an verschiedenen Stellen des EWG-Rechts auftauchenden Vorbehalt begegnet uns wieder der auch in den oben behandelten völkerrechtlichen Verträgen anzutreffende Begriff der öffentlichen Ordnung. Während er aber dort, wie gezeigt, sehr weit auszulegen ist, ist er im EWG-Recht, wie sich aus der RL 64/221 und der Rechtsprechung des EuGH[130] ergibt, eng auszulegen. Die zahlreichen Entscheidungen des EuGH, die in den letzten Jahren zur Freizügigkeit ergangen sind, sind durch die Tendenz gekennzeichnet, den Vorbehalt der öffentlichen Ordnung und Sicherheit in zunehmendem Maße einzuschränken.

Die wesentlichsten Aspekte der RL 64/221 in dieser Hinsicht sind, skizzenhaft angedeutet, folgende:

(1) Gründe der öffentlichen Ordnung und Sicherheit dürfen nicht für wirtschaftliche Zwecke geltend gemacht werden;

(2) Bei Maßnahmen zum Schutze der öffentlichen Ordnung und Sicherheit ist ausschließlich das persönliche Verhalten der in Betracht kommenden Person ausschlaggebend;

(3) Eine strafrechtliche Verurteilung allein kann solche Maßnahmen nicht ohne weiteres begründen.

Die Rechtsprechung des EuGH[131] hat diese Kriterien weiter ausgestaltet und zusätzliche aufgestellt. Als wichtigste Beispiele sind zu nennen: In der Sache *Bonsignore*[132] entschied der EuGH, daß generalpräventive Erwägungen im Zusammenhang mit einer strafrecht-

---

[130] Siehe Slg. 1974, S. 1337, 1350; EuGRZ 1978, S. 5.

[131] Siehe dazu *Weber*, Die Rechtsprechung des EuGH zum Vorbehalt der öffentlichen Ordnung und Sicherheit im Bereich der Freizügigkeit, EuGRZ 1978, S. 157 ff.; *Hailbronner*, Die Freizügigkeit im Spannungsfeld zwischen Staatsräson und europäischem Gemeinschaftsrecht, DÖV 1978, S. 857 ff., bes. S. 860 ff.

[132] EuGRZ 1975, S. 461 ff.

46

lichen Verurteilung eine Ausweisung nicht tragen könnten. Das
BVerwG[133] sah seine Rechtsprechung durch diese Entscheidung als
überholt an[134]. In der Sache *Bouchereau*[135] präzisierte der EuGH,
daß eine frühere strafrechtliche Verurteilung bei einer Ausweisung
auf Grund erneuter Verurteilung nur berücksichtigt werden dürfe,
wenn die ihr zugrunde liegenden Umstände ein persönliches Verhalten erkennen lassen, das eine gegenwärtige Gefährdung der öffentlichen Ordnung darstelle. Im übrigen setze die Berufung auf die
öffentliche Ordnung voraus, daß außer der Störung, die schon jede
Gesetzesverletzung darstelle, eine tatsächliche und hinreichend
schwere Gefährdung vorliege, die ein Grundinteresse der Gesellschaft berühre[136]. In der Sache *Royer*[137] stellte der EuGH fest, daß
die Nichtbeachtung der Formvorschriften über Einreise und Aufenthalt kein die öffentliche Ordnung und Sicherheit gefährdendes
Verhalten darstelle und damit keine Ausweisung rechtfertige. In der
gleichen Weise äußerte sich der EuGH im Fall *Belman/Watson*[138]
und, zumindest indirekt, auch im Fall Sagulo[139]. In der Sache *Ruti-*

[133] BVerwG, DÖV 1975, S.647.
[134] Dagegen hält das BVerwG daran fest, daß bei der Ausweisung von Ausländern, die nicht aus EG-Staaten stammen, generalpräventive Überlegungen eine Rolle
spielen dürfen; siehe BVerwG, DVBl. 1979, S. 593. Das BVerfG hat jüngst entschieden, daß die Ausweisung eines wegen unerlaubten Waffenbesitzes verurteilten Ausländers aus generalpräventiven Gründen nicht verfassungswidrig ist, insbesondere
keine Verletzung der Menschenwürde darstellt, wenn der Grundsatz der Verhältnismäßigkeit beachtet wurde; siehe *BVerfGE* 50, S.166ff.; siehe auch schon
BVerfGE 35, S.382ff., 401; 38, S.52ff., 58. Dabei hat das BVerfG ausdrücklich die
gegenteilige Ansicht im Schrifttum (*Franz*, DVBl. 1973, S.672; *Huber*, NJW 1976,
S.1008; *Kanein*, Ausländergesetz, 2. Aufl. 1974, Erl.1 zu § 10; *Pagenkopf*, DVBl.
1975, S.765ff.; *Schnapp*, DVBl. 1974, S. 89) zurückgewiesen. Nach BVerwG, DÖV
1979, S.293f. verbietet Art.6 Abs.1 GG aber grundsätzlich, gegenüber Ausländern,
die mit Deutschen verheiratet sind, aus generalpräventiven Gründen eine Aufenthaltserlaubnis zu versagen, bzw. eine Ausweisung zu verfügen. A.A. noch
BVerwGE 42, S.133. Auch das BVerfG hat in einem Beschluß vom 18.7.1979 –
1 BvR 650/77 – festgestellt, daß die Ausweisung eines wegen einer Straftat verurteilten Ausländers, der mit einer deutschen Frau verheiratet ist und mit ihr ein eheliches
Kind hat, auf Grund generalpräventiver Ermessenserwägungen nur dann zulässig
ist, wenn die Straftat besonders schwer wiegt –. Siehe EuGRZ 1979, S.581ff. mit
Anmerkung von Hailbronner.
[135] EuGRZ 1978, S.2ff.
[136] Im gleichen Sinne jetzt BVerwG, DVBl. 1979, S.286ff.
[137] EuGRZ 1976, S.270ff.
[138] EuGRZ 1976, S.346ff.
[139] EuGRZ 1977, S.322ff.

li[140] stellte der EuGH gleichfalls fest, daß die Berufung auf die öffentliche Ordnung eine tatsächliche und hinreichend schwere Gefährdung voraussetze. Räumliche Aufenthaltsbeschränkungen hält er nur in dem Maße für zulässig, wie sie auch gegenüber eigenen Staatsangehörigen festgelegt werden können.

Dieser Überblick macht deutlich, wie nachdrücklich das EWG-Recht nicht nur die Grundentscheidung über die Einreise, sondern auch die Ermessensentscheidungen nach §§ 7 und 10 AuslG verändert. Insbesondere die Ausweisungsgründe in § 10 AuslG werden deutlich eingeschränkt. § 12 AufenthG/EWG entspricht diesem durch das EWG-Recht veränderten Rechtszustand, allerdings mit dem Vorbehalt, daß der auch dort verwendete Begriff der Belange der Bundesrepublik nicht dem in § 2 Abs. 1 AuslG entspricht, sondern sehr viel enger zu verstehen ist.

Angesichts dieser insbesondere durch den EuGH vorangetriebenen Entwicklung ist geäußert worden, der EuGH versuche Europa im Alleingang herzustellen[141]. Das aber könne die Gefahr eines Rückschlages heraufbeschwören. Daß diese Sorge nicht ganz unbegründet ist, hat jüngst die Entscheidung des Conseil d'Etat in der Sache Cohn-Bendit gezeigt, wo einem Pariser Verwaltungsgericht das Recht zum Vorabentscheidungsverfahren vor dem EuGH verwehrt wurde mit der Begründung, die zum Freizügigkeitsrecht erlassene Richtlinie 64/221 sei, wie Richtlinien überhaupt, kein unmittelbar in den Mitgliedstaaten geltendes Recht[142]. In der Tat läßt sich die dahingehende Rechtsprechung des EuGH nicht ohne weiteres mit Art. 189 und 191 EWGV vereinbaren[143]. Andererseits hatte sie sich bisher in der Praxis durchgesetzt.

5. Bedeutung anderer völkerrechtlicher Regelungen der Freizügigkeit neben dem EWG-Recht

Angesichts der sehr weitgehenden, für den Ausländer günstigen Beeinflussung des deutschen Ausländerrechts drängt sich die Frage auf, ob für Angehörige von EWG-Staaten die bilateralen Niederlas-

---

[140] EuGRZ 1976, S. 2 ff.

[141] *Stein*, Die Einschränkung der Freizügigkeit von EWG-Ausländern aus Gründen der öffentlichen Sicherheit und Ordnung, NJW 1976, S. 1553 ff., S. 1557.

[142] Siehe Beschluß des Conseil d'Etat vom 22. 12. 1978, Journal du droit international 1979, S. 589 ff. mit kritischer Anmerkung von *Goldmann;* siehe auch die Kritik von *Tomuschat*, EuGRZ 1979, S. 257 ff.

[143] Auch *Tomuschat*, a. a. O. (N. 142), S. 259 spricht von dieser Rechtsprechung als einer „kühnen Neuerung".

sungsverträge überhaupt noch eine Bedeutung haben[144].
Die Frage ist zu bejahen. Nochmals ist zu betonen, daß das
EWG-Recht die Freizügigkeit nur Arbeitnehmern etc. und ihren
engen Familienmitgliedern gewährt. Für alle anderen EWG-Staaten
kommen nur die anderen einschlägigen Verträge in Betracht[145].
Zum andern enthalten diese anderen Verträge in Einzelpunkten
manchmal günstigere Regelungen als das EWG-Recht. Als Beispiel
sei genannt, daß manche dieser Verträge die Ausweisung nach einer
bestimmten Dauer des Aufenthalts nur noch nach engeren Voraussetzungen zulassen als das EWG-Recht[146].

C. Ergebnisse

Die Ergebnisse der Untersuchung sind kurz zusammengefaßt
folgende:
1. Die stärkste Veränderung erfährt das deutsche Ausländerrecht
   durch das EWG-Recht. An die Stelle des weiten Ermessens
   der Behörde bei der Entscheidung über Einreise und Aufenthalt tritt ein Anspruch, zwar nicht aller Angehöriger der
   EWG-Staaten, wohl aber bestimmter Kategorien. Der Vorbehalt der öffentlichen Ordnung und Sicherheit, unter dem
   die Rechte des Ausländers stehen, ist eng zu verstehen und
   wird von der Rechtsprechung des EuGH weiter eingeengt.
2. Im übrigen hat das Völkerrecht weder durch multi- noch
   durch bilaterale Verträge noch durch das Völkergewohnheitsrecht die Ermessensentscheidungen des AuslG beseitigt. Sie
   bewirken aber – im einzelnen unterschiedlich – Einschränkungen des Ermessens,
   – seltener in der Weise, daß die tatbestandsmäßigen Voraus-
     setzungen des Ermessens verändert werden,
   – meist nur in der Weise, daß die völkerrechtliche Regelung
     bei der Ermessensübung selbst zu berücksichtigen ist. Ein
     besonderes Gewicht kommt ihr dabei in der Regel nicht zu.

[144] Unbestreitbar ist, daß ihre praktische Bedeutung abgenommen hat; siehe
Platz, EWG-Niederlassungsrecht und individuelle Rechtspositionen, 1966, S. 42.
[145] Was den deutsch-griechischen Niederlassungsvertrag vom 22. 10. 1962 anlangt, so verliert dieser auch für Arbeitnehmer noch nicht mit dem Inkrafttreten des
Beitrittsvertrages zwischen Griechenland und der EWG am 1. 1. 1981 seine Bedeutung, da die Freizügigkeit der Arbeitnehmer erst am Ende einer siebenjährigen
Übergangszeit verwirklicht sein wird; siehe Europa-Archiv, 1979, D. 453.
[146] Siehe die Nachweise oben N. 114.